Erleuchtung im Augenblick des Todes

Engelbert J. Winkler

ERLEUCHTUNG IM AUGENBLICK DES TODES

KONSEQUENZEN RÄTSELHAFTER ZUSAMMENHÄNGE ZWISCHEN LICHT, BEWUSSTSEIN UND MATERIE

Bibliografische Information der Deutschen Nationalbibliothek:
Die Deutsche Nationalbibliothek verzeichnet diese Publikation in der
Deutschen Nationalbibliografie; detaillierte bibliografische Daten sind im
Internet über < http://dnb.d-nb.de > abrufbar.

© 2007 Engelbert Winkler
Satz, Umschlaggestaltung, Herstellung und Verlag: Books on Demand GmbH,
Norderstedt
ISBN: 978-3-8334-6707-3

„Sterben, das heißt freilich die Zeit verlieren
und aus ihr fahren.
Aber es heißt dafür Ewigkeit gewinnen und Allgegenwart,
also erst recht das Leben.
Denn das Wesen des Lebens ist Gegenwart …"

Thomas Mann

Eines Tages beschloss Eulenspiegel, seinem Freund, dem Quantenphysiker, einen Streich zu spielen. So schlug Eulenspiegel bei Einstein nach, schaute bei David Deutsch und Kip Thorne vorbei und fand schließlich etwas Brauchbares. Das hing mit dem seltsamen Verhalten einzelner Photonen zusammen. Eulenspiegel spann sich – ganz wie es seiner Art entsprach – eine ordentliche Schelmengeschichte zusammen. Die ging so:

Ein Photon, das mit Lichtgeschwindigkeit unterwegs ist, weil es nicht anders kann, befindet sich ebenseiner hohen Geschwindigkeit wegen außerhalb der Zeit und damit auch außerhalb des Raums. Dies ist so, weil unterhalb der Lichtgeschwindigkeit die Zeit vorwärts, oberhalb der Lichtgeschwindigkeit jedoch rückwärts und genau mit Lichtgeschwindigkeit gar nicht läuft. Läuft aber mit der Zeit nichts, dann allerdings – spätestens seit Einstein – mit dem Raum ebenso wenig. Daher bleiben weder Zeit noch Raum für unser tapferes Photon. Überall zur gleichen Zeit – so etwas nennt sich Singularität. Aus Sicht des Photons, freilich. Von seinem Bezugssystem aus gesehen, nicht von unserem. Wie auch immer, die entscheidende Frage lautet: Wo bleibt ein zweites Photon? Mit der Singularität ist das nämlich so eine Sache, lässt sie doch wenig Platz für anderes – eigentlich überhaupt keinen. So wie es aussieht, hat ein zweites

Photon schlicht und ergreifend keinen Platz, ebenso wenig wie ein drittes oder viertes … überhaupt keines sonst, nur eines! Eines, das überall erscheint, wo man es misst und das den lieben Quantenphysikern lediglich deshalb so viel Ärger bereitet, weil es so tut, als würde es in einem Doppelspalt-Experiment wissen, was ein anderes von seinen Brüderchen zuvor getan hat. Da es aber kein anderes Brüderchen mehr gibt, übrigens auch kein Schwesterchen, gibt es für das gute Photon gar kein Problem. Mit sich selbst zu wechselwirken und dann so zu tun, als wäre das etwas Besonderes, ist keine große Sache. Mit vollen Hosen ist bekanntlich leicht stinken. Aber Spaß beiseite! Von unserem reiselustigen Photon aus betrachtet, wo könnte sich noch eins verbergen?

Das fragte Eulenspiegel seinen verdatterten Freund und empfahl ihm, bis zur positiven Erledigung dieses Rätsels mit ihm einen Biergarten aufzusuchen, wo die beiden jetzt noch sitzen und mit sich selbst wechselwirken. Und wo war noch mal gleich …?

*„Betrachte DIESEN Augenblick als deinen einzigen
und du bist zuhause!"*

Die vorliegende Arbeit versteht sich als aphoristische Zusammenstellung „bemerkenswerter Inhalte", wie sie sich regelmäßig sowohl aus den Aussagen Betroffener (nach einer Todesnähe-Erfahrung) bzw. aus den Interpretationen damit konfrontierter Wissenschaftler ergeben.

Die einzelnen Aphorismen – obwohl thematischen Blöcken zugeordnet und untereinander in losem Zusammenhang stehend – sind dabei als eigenständige Sinneinheiten zu betrachten (und zu lesen), deren Wirkung zuzulassen bzw. eine solche selbst zu beurteilen die Zumutung an die Leser als erste Absicht des Textes darstellt. Auf diese Weise soll ein möglichst breiter Eindruck vom Ausmaß der möglichen Konsequenzen der Konfrontation mit einer Todesnähe-Erfahrung vermittelt werden.

Der Begriff Singularität wird als „sprachlicher Grenzstein" eines an sich unbeschreibbaren Phänomens an der Grenze zwischen Leben und Tod verwendet. Bewusstsein bzw. Erleuchtung meint u. a. jenes unbegrenzte Empfinden reinen Seins, das Menschen in der Nähe des Todes regelmäßig als „einzigartige" Licht-Erfahrung begegnet. Darüber zu sprechen bzw. zu schreiben gerät unausweichlich in scheinbar „logische" Widersprüche.

Inhaltsverzeichnis

VORAB	11
Spuren	11
Vom torlosen Tor	13
I Singularität: Welt aus Licht	15
II Bewusstsein: ewiges Jetzt	33
III ICH – (Nicht-)ICH: Intuition	61
IV ICH habe vs. ICH bin: Konsequenzen	99
V ICH suche: Religion	113
VI ICH sterbe: das Licht	131
ANHANG	149
Licht / Bewusstsein Tarot	149

VORAB

Spuren

„Und Gott sprach: Es werde Licht! Und es ward Licht."
(Bibel, 1 Mo 1,3)

„Der Schöpfer stellt die Quelle des Lichts, der Erfüllung dar. So
wird Er von denjenigen wahrgenommen, die sich Ihm nähern."
(Rabbi Michael Laitman, Kommentar zur Einleitung des
Buches „Sohar" aus dem 2. Jahrhundert von Rabbi Schimon
Bar Yochai.)

„Wir schreiben dies, damit unsere Freude vollkommen ist. Das
ist die Botschaft, die wir von ihm gehört haben und euch ver-
künden: Gott ist Licht und keine Finsternis ist in ihm."
(Bibel, 1 Joh 1, 4–5)

„… der König der Könige und Herr der Herrn, der allein die
Unsterblichkeit besitzt, der in unzugänglichem Licht wohnt,
den kein Mensch gesehen hat noch je zu sehen vermag: Ihm
gebührt Ehre und ewige Macht."
(Bibel, 1 Tim 6, 15–16)

„Ihr Menschen, ein Beweis ist von eurem Herrn zu euch gekommen. Deutliches Licht haben wir zu euch hinabgesandt."
(Koran, 4 / 174)

„Gott aber will beharrlich sein Licht vollenden, auch wenn die
Ungläubigen dies verabscheuen."
(Koran, 9 / 32)

„Ein Berg von Glanz, nach allen Seiten strahlend, so seh' ich dich, ringsum schwer anzuschauen, wie strahlend Feu'r und Sonnenglanz, unmessbar."
(Bhagavadgita, 11 / 17)

„Ich bin dem großen Weltmeer gleich, die Welt hier wogengleich – das ist Erkenntnis."
(Aschtavakragita, 6 / 2)

„Masse und Energie sind wesensgleich. Wenn aber die Masse eines Körpers in direktes Maß für die in ihm erhaltene Energie ist, dann heißt das, in Einsteins Worten, Licht überträgt Masse."
(E. P. Fischer, Einstein für die Westentasche)

.

.

.

Vom torlosen Tor

Es kam ein Kind, das malte an einen Felsen ein Tor. Einige meinten dies sei ein wirkliches Tor und versuchten es zu öffnen, um auf die „andere Seite" zu gelangen. Der Wunsch nach einer anderen Seite entsprang der Vorstellung, dass dort etwas Erstrebenswertes vorzufinden wäre. Enttäuscht stellten sie fest, dass sich das Tor keinesfalls öffnen ließ. Nun unternahmen sie alle Arten von Bemühungen, die Beschaffenheit des Tors zu erkunden, um auf diese Weise doch noch das Rätsel seiner Öffnung zu enthüllen. Sie meditierten, spekulierten, formulierten, fantasierten und errichteten so Gedankengebäude über Gedankengebäude – alles umsonst. Nur hie und da erkannte einer den Irrtum und verstand: Vor dem Tor war hinter dem Tor, das in Wahrheit nie eines gewesen war. So einer wandte sich ab, schritt zurück, woher er gekommen war und dachte nichts anderes als, dass alles beim alten und er derselbe geblieben wäre, wie bevor sein Irrtum ihn auf eine unmögliche Suche gesandt hatte. Doch dies stimmte nicht. Alles war unverändert und vollkommen anders zugleich. Er konnte den Unterschied anfangs nicht benennen, ja er fürchtete sich zuerst sogar davor. Bis er verstand, was ihm tatsächlich geschehen war. Ihm wurde bewusst, dass, wenn das Tor nicht existierte, auch ein Dahinter niemals woanders als in seinem eigenen Kopf gelegen hatte und dass es dort überhaupt etwas Erstrebenswertes gab, war eine Vorstellung, die wie alle Vorstellungen auf einer noch grundlegenderen beruhte: der von seinem eigenen Ich, das sich erst einmal dazu entschließen muss, etwas zu erstreben, weil es dazu befähigt ist, etwas anderes getrennt von sich – als etwas nicht Ichhaftes – wahrzunehmen. Er erfasste das Wesen des Ich als Brücke zwischen erinnerten vergangenen und erwarteten zukünftigen Augenblicken. Da die Vergangenheit aber unwiederbringlich vorbei und die Zukunft noch nicht da war, blieben dem Ich (abseits aller Illusionen) keine Ufer mehr, die es hätte verbinden können und es stürzte in sich zusammen, wie im Augenblick des Todes, wenn mit dem Gehirn alles endet, was einmal Ich zu sein meinte. Das einzig wirkliche, jede Vorstellung erst ermöglichende Bewusstsein war das Erleben des Augenblicks! Das war es, das Einzige, das übrig blieb, wenn er alles wegließ, von dem er wusste, dass es nicht wirklich war – sogar und besonders das eigene Ich. Im (Selbst-)Erleben eines ausdehnungslosen Augenblicks entschlüpfte er sich selbst in die reine Anwesenheit ungeteilter Aufmerksamkeit. Die Welt war durchschaut: als leeres Schattenspiel auf einer Wand aus Licht, reines Bewusstsein, das wie Wasser seine Wellen, alle Erscheinungen in einem, in steten Wandel unterzogenen Spiel mit sich selbst hervorbringt und wieder verschlingt.

So war er sich schließlich selbst zum torlosen Tor geworden, das er durchschritt, indem er ankam, wo er schon immer gewesen war.

I
Singularität:
Welt aus Licht

Einen Anfang gibt es nicht, ebenso wenig ein Ende. Anfang und Ende sind lediglich aus begrifflichem Denken entstandene Vorstellungen, die der Grammatik der Sprache folgen, ohne jemals an die Wirklichkeit heranzureichen. Anfang und Ende markieren eher einen Ereignishorizont, hinter dem weder Raum noch Zeit existieren. Ohne Raum und Zeit bleiben Anfang und Ende jedoch undenkbar. An ihrer statt findet sich ein Phänomen, in dem alle Gegensätze aufgehoben, das allumfassend, ohne selbst aus Teilen zu bestehen, schon mit vielen Begriffen belegt wurde: Gott, Tao, Buddha, Brahma, Nirvana, Satori, Erleuchtung, göttliches Licht oder kosmisches Bewusstsein sind einige davon. Dem physikalischen Begriff der Singularität wird in diesem Zusammenhang seiner Präzision sowie seiner weltanschaulichen Neutralität wegen der Vorzug gegeben.

Was soll man sich aber nun unter einer Singularität vorstellen? Im Grunde genommen gar nichts – oder alles – je nachdem … Tatsächlich birgt die Singularität das größte aller möglichen Geheimnisse, das schwierigste Rätsel der Natur.

Am Anfang und am Ende oder wenn es so heiß wird, dass es nicht mehr heißer geht, oder so kalt, dass es nicht mehr kälter geht, oder so schnell, dass es nicht mehr schneller geht, oder so langsam, dass es nicht mehr langsamer geht, so schwer, dass es nicht mehr schwerer oder so leicht, dass es nicht mehr leichter geht … in letzter Konsequenz läuft es sich immer aufs selbe hinaus: Singularität. Die Singularität ist wie ein uferloser Ozean, dessen in steter Veränderung befindliches Wellenmuster den Menschen mitsamt seiner Welt hervorbringt. Eine wesentliche Eigenschaft der Singularität ist die Lichtgeschwindigkeit. Je schneller man wird, umso langsamer vergeht die Zeit, die beim Erreichen der Lichtgeschwindigkeit völlig zum Stillstand gekommen ist. Ohne Zeit ist aber auch kein Raum möglich bzw. keine Fortbewegung, da auf dem Niveau der Lichtgeschwindigkeit ein ewiges Immer und Überall herrscht.

Ein Lichtteilchen, ein Photon, bewegt sich mit Lichtgeschwindigkeit fort, wobei dieser Eindruck der Fortbewegung ursächlich von der Eigengeschwindigkeit des Beobachters abhängt. Für das Photon selbst findet keine Bewegung statt, da es ja aufgrund seiner Geschwindigkeit selbst eine Singularität bildet. Das Bezugssystem des Photons ist die Lichtgeschwindigkeit und diese zeichnet sich durch die Konzentration von Raum und Zeit in einem ausdehnungslosen Punkt aus: im Photon, Welle und Teilchen in einem, ausgestattet mit unendlich großer Energie und Dichte, konzentriert auf unendlich geringe raumzeitliche Ausdehnung – DAS ALLES IM NICHTS. Ein weiteres Photon kann es schon aus Platz- und Zeitmangel innerhalb der Singularität (also im Bezugssystem der Lichtgeschwindigkeit und des Photons) nicht geben. Dass es uns so erscheint, als existiere im Universum eine ungeheure Vielzahl von Photonen, hängt einzig und allein vom Standpunkt (der Geschwindigkeit) des Beobachters ab. Denn wie die Abfolge mehrerer Fotografien eines im Flug befindlichen Balls mehrere gleiche Bälle auf unterschiedlichen Positionen einer Flugbahn darzustellen scheint und es in Wahrheit doch immer nur der eine Ball bleibt, so verhält es sich auch mit dem EINEN PHOTON, dessen wunderbare Vervielfältigung lediglich Ausdruck unterschiedlicher Betrachtungsgeschwindigkeiten und somit in letzter Konsequenz eine (quanten-)optische Täuschung ist.

Die Wechselwirkung zwischen Licht und Materie, zwischen Photonen und anderen Elementarteilchen rechtfertigt eine metaphorische Gleichsetzung der Materie mit „gefrorenem Licht". Dies bestätigt die singuläre Qualität des einen Photons. Das gesamte bekannte sowie unbekannte Universum gründet in jenem ausdehnungslosen und doch allumfassenden ETWAS, das – mit dem Etikett Photon versehen – Keim und Frucht, Werden und Vergehen aller möglicher Welten in sich birgt.

Geschwindigkeit, Temperatur und Energie beschreiben dieselbe Dynamik: die Aufhebung aller Widersprüche im unendlich Schnellen – Lichtgeschwindigkeit – wie im unendlich Langsamen – Stillstand. Ebenso wie eine Beschleunigung auf Lichtgeschwindigkeit (unendliche Energie, unendliche Temperatur) führt auch Abbremsen (unendlich kleine Energie, 0 Grad Kelvin) zum Eintritt in die Singularität. Wie kommt es aber, dass die (Astro-)Physik vom Vorhandensein mehr als einer Singularität – zum Beispiel im Inneren so genannter Schwarzer Löcher – ausgeht? Dies ist Ausdruck desselben Denkfehlers, den man beginge, würde man von der Zahl aller zu einem Zeitpunkt auf ein bestimmtes Programm eingestellter Fernsehapparate auf das Vorhandensein gleich vieler, gleich gearteter Sendungen schließen. Jedes Schwarze Loch öffnet sich derselben Singularität, als Ergebnis derselben physikalischen Prozesse, die zu einer unendlichen Verdichtung der Raumzeit führen.

Der Augenblick ist das Tor in die Singularität. Er besitzt selbst die wesentlichen Eigenschaften eines Photons:

- Obwohl es den Anschein hat, es gäbe unendlich viele Augenblicke, gibt es ihn doch nur ein einziges Mal – nämlich JETZT.
- Obwohl der Augenblick selbst keine Ausdehnung besitzt, birgt er doch die Ewigkeit.

Jede Veränderung ist ausschließlich im Augenblick und damit jederzeit möglich. Der Augenblick bietet als ewiges Hier und Jetzt den Stoff, aus dem Mensch und Welt gleichermaßen gewirkt sind. Er ist wie ein alles durchdringender Äther, der Ozean, dessen Wellen uns als Zeit erscheinen, Bewusstsein, das sich, seiner selbst nicht bewusst, als reine Anwesenheit manifestiert.

Der Mensch teilt sich die Erde mit anderen, für ihn nicht wahrnehmbaren Lebensformen. Unter bestimmten Bedingungen wie z.b. in Todesnähe oder bei anderen psychischen Ausnahmezuständen, wenn das gewöhnliche Alltagsbewusstsein außer Kraft gesetzt ist, kann es zu Begegnungen mit diesen Wesen kommen, deren Spuren sich in Märchen, Legenden, Sagen, Erlebnisberichten, mündlichen wie schriftlichen Überlieferungen aller Epochen wieder finden. In diesem Zusammenhang wird nicht selten ein Umstand erwähnt, der eine Erklärung für dieses Phänomen beinhaltet: Menschen, die von Ausflügen ins Reich dieser Lebensformen berichten, die unter anderem als Feen, Elfen, Engel, Schutzgeister, Dämonen, Kobolde, Gespenster, Wichtelmännchen, Aliens etc. gedeutet werden, stellen nach erfolgtem Wiedereintritt in die Welt der Menschen eine Diskrepanz im Zeitablauf fest. Wie die Physik lehrt, geht ein höheres Energieniveau mit einer höheren Geschwindigkeit Hand in Hand. Je höher aber die Geschwindigkeit, je schneller man sich bewegt, desto langsamer vergeht die Zeit, desto größer wird die Masse und desto geringer die Ausdehnung. Wenn eine Magd in einem Grimmschen Märchen behauptet, nach einem dreitägigen Aufenthalt beim kleinen (!) Volk sei in der Menschenwelt ein ganzes Jahr vergangen gewesen, erhöht das nicht die Unwahrscheinlichkeit, sondern eher die Plausibilität der Geschichte. Parallel nebeneinander existierende Welten bzw. Dimensionen sind mitsamt ihren Bewohnern durch unterschiedliche Geschwindigkeiten voneinander getrennt (was auch zu unterschiedlicher Erscheinungsgröße führt: je schneller, desto kleiner).

Unterhalb der Lichtgeschwindigkeit findet Bewegung stets an dieselbe Ausrichtung gebunden statt: im Sinne der Kausalität (Ursache —> Wirkung) vorwärts. Dabei handelt es sich um eine innere Gerichtetheit, die unabhängig von der Lage des in Bewegung befindlichen Objekts bzw. Subjekts der Bewegung selbst anhaftet. Auch wer nach einigen Schritten die Richtung ändert und an seinen Ausgangspunkt zurückkehrt, tut dies mit neuen Schritten. Dies gilt selbst dann, wenn jemand versucht, durch Rückwärtsschreiten bereits gemachte Schritte wieder zurückzunehmen. Die (innere) Richtung jeder Bewegung ist gleich. (Wer dennoch daran zweifelt, soll einmal versuchen, sich eine Bewegung mit negativem Vorzeichen, z.B. −10 km / h, vorzustellen!) Indem auch Leben auf Bewegung beruht, ist es in seiner Ausrichtung ebenso festgelegt: unterhalb der Lichtgeschwindigkeit nach vorwärts Richtung Tod. Leben und Sterben bezeichnen letztendlich das Gleiche. Die allgemeine Todesursache heißt Leben.

Die Lichtgeschwindigkeit ist die Grenze, an der die Natur ihre innere Ausrichtung umkehrt. Diese Licht-Grenze ist ihrem Wesen nach unüberwindbar. Wie ein Beil trennt die Lichtgeschwindigkeit dabei sogar Kräfte und Naturgesetze in zwei voneinander abgeschnittene Hälften. Dies gilt auch für die Gravitation. Wie jede Bewegung oberhalb der Lichtgeschwindigkeit wie in einem von hinten nach vorne abgespielten Film – wiederum im Sinne der Kausalität (Wirkung $\rightarrow$ Ursache) – rückwärtsläuft, wirkt die Gravitation jenseits der Licht-Grenze als Abstoßung. Somit steht Licht für die grundlegende Symmetrie der Wirklichkeit.

Im Urknall entstand das Universum aus dem unbegrenzten Nichts der Singularität, aus dem einen Photon. Erst da bildete sich Raum / Zeit. Ein *Vor dem Urknall* gibt es schon aus einem akuten Mangel an Zeit (und dadurch an *davors*) nicht. Seit dem Urknall befindet sich das Universum in einem Zustand sich beschleunigender Ausdehnung: in seiner Expansionsphase. In der Expansion gründet auch die Bindung jeder Bewegung an eine einheitliche Ausrichtung (unterhalb der Lichtgrenze: „vorwärts", oberhalb „rückwärts"). Während der Expansionsphase ist es unmöglich, bis zur Lichtgrenze zu beschleunigen, in der Kontraktionsphase hingegen unmöglich, bis zur Lichtgrenze abzubremsen. Das Erreichen der Lichtgrenze (Lichtgeschwindigkeit) beendet die Expansion ebenso wie die Kontraktion. Wobei sich Kontraktion wie Expansion aus derselben Lichtgrenze erheben.

Expansion bezeichnet die Beschleunigungsphase des Universums. Das Universum dehnt sich bis „in die Unendlichkeit" ans „Ende" der Raum / Zeit aus. Kontraktion bezeichnet die Abbremsphase des Universums. Das Universum zieht sich dabei in einen ausdehnungslosen Punkt an den „Anfang" der Raum / Zeit zusammen. Durch Expansion und Kontraktion entstehen die einzigen zwei (Materie-)Inseln im Ozean der Singularität, durch den sie füreinander unerreichbar voneinander getrennt sind. Aber genau genommen handelt es sich überhaupt nicht um zwei Inseln, sondern um eine einzige, die sich an der Lichtgrenze als kosmischer Spiegelachse in zwei nur scheinbar (im Sinne der Bewegung und damit der Raum / Zeit) spiegelverkehrte Versionen bricht.

So wäre es auch falsch, die Expansionsphase des Universums und seine Kontraktionsphase in einen zeitlichen Zusammenhang zu bringen, wie es etwa durch Reihung geschähe. Zu sagen, die Expansion finde vor der Kontraktion statt, ist ebenso falsch wie umgekehrt, da Kontraktion und Expansion nicht im selben zeitlichen Kontinuum liegen. Raum / Zeit beginnt und endet mit jeder einzelnen Phase der Expansion ebenso wie der Kontraktion stets aufs Neue und überdauert sie nicht. Kontraktion und Expansion stehen in keinem wie auch immer gearteten Zusammenhang, außer dass sie als Teil derselben Singularität (die übrigens gar keine Teile hat) letztlich ohnehin dasselbe sind.

Gibt es etwas hinter der aktuellen Expansionsgrenze des Universums? Nein, denn mit der Expansion entsteht Raum / Zeit – wie eine Welle vor dem Bug der Expansion. Außerhalb der Expansionsgrenze gibt es nichts, da Raum / Zeit dort „noch nicht angekommen" ist – weshalb es auch kein „dort" gibt. Die Expansion ist als (sich beschleunigende) Bewegung Ausdruck einer gerichteten Kraft, die gerade durch die Konstanz ihrer Ausrichtung die Struktur der Raum / Zeit und damit ihrer materiellen Inhalte festlegt. Die Gravitation ist der messbare Aspekt dieser Kraft, die somit allem Existierenden anhaftet und sich gleichermaßen als Masse und Energie bzw. Beschleunigung zeigt. Damit gilt für die Gravitation ebenso wie für die Geschwindigkeit: Je höher sie ist, desto langsamer vergeht die Zeit. Als jeder Bewegung innewohnender Energieimpuls kann man die Gravitation bildlich als die „Fliehkraft der Expansion" bezeichnen. Wobei dieser Vergleich schon insofern hinkt, als sich die Fliehkraft lediglich unter bestimmten, mit Lage bzw. Bewegung in Zusammenhang stehenden Bedingungen zeigt, während Gravitation als Eigenschaft der Bewegung selbst unausgesetzt wirkt.

Materie, heißt es, sei gefrorenes Licht. Gefroren bedeutet verlangsamt, verlangsamt bedeutet abgebremst. Abbremsen setzt Energie frei und erzeugt jene Trägheit der Materie, die man als Schwerkraft spürt.

Die Singularität kennt kein Außerhalb. Indem sie alles durchdringend alles begründet, bildet sie eine Instanz außerhalb von Raum und Zeit. Sie ist jener mysteriöse Äther, nachdem so lange vergeblich gesucht wird, wie die widersprüchlichen Ergebnisse einiger Experimente nur deshalb für unmöglich gehalten werden, weil man sie falsch interpretiert. Alles steht zu ihr im selben Bezug. Der einzig nicht relative Bezug ist jener zu ihr. Wo NULL und UNENDLICH die Physik mitsamt ihren Gesetzen aufheben, ruht die Singularität in der Bewegungslosigkeit des ALLBEWEGERS.

II
Bewusstsein:
ewiges Jetzt

Wie ein Kind, das so in die Betrachtung seiner Lieblingsserie am Bildschirm versunken ist, dass es schon von seiner unmittelbaren Umgebung rein gar nichts mehr mitbekommt, so ist der Mensch derart mit den Inhalten des von seinem Hirn hervorgebrachten Bewusstseins beschäftigt, dass er sich irrtümlich bereits mit dem Gegenstand seiner Selbstversunkenheit gleichsetzt und seine wahre Natur, die sich der Sprache und dem Denken gleichermaßen widersetzt, einfach vergisst. Im Tod bricht diese Leistung des Gehirns in sich zusammen und wie das Kind nach Abschalten des Fernsehapparates schlagartig wieder im Hier und Jetzt anlangt, stößt der Mensch beim Überschreiten der letzten Grenze gleichsam von selbst auf seine wahre, ungeteilte Natur, die übereinstimmend als besonderes, lebendiges Licht beschrieben wird. Tatsächlich stellt dieses Bewusstsein, dessen man in der Nähe des Todes teilhaftig wird, eine dem normalen Alltagsbewusstsein übergeordnete Seins-Weise dar.

Der Mensch ist ein bewertendes Wesen. Unermüdlich be- und verwertet sein Verstand einlangende Sinneseindrücke, um dadurch die Grundlage eines einheitlichen Selbst- bzw. Weltbildes zu schaffen. Der Kontrast, die Unterscheidung ist dabei die wichtigste mentale Funktion. Sie bestimmt die Grammatik des Sprechens und Denkens sowie der Erinnerung. Der Mensch lebt in den Geschichten, die er über sich und seine Welt erzählt, wie in einem Traum. Denn wie ein Traum aus Tagesresten und unbewussten Inhalten entsteht das Wachbewusstsein aus Resten jenes singulären Bewusstseins, in dem der Mensch trotz all seiner Hirngespinste doch in jedem Augenblick gründet. Wie der Traum ein Abklatsch jener wachen Welt ist, die er in seinen Episoden nachzustellen versucht, bleibt das Wachbewusstsein hinter jener Wirklichkeit zurück, die es mit den Mitteln des Verstandes und der Intuition zu fassen versucht. Somit ist allem menschlichen Bemühen um Erkenntnisgewinn eines von vornherein gemeinsam: die Unangemessenheit der Resultate – angesichts einer Wirklichkeit, die zutreffend zu erfahren und zu beschreiben weder Körper noch Psyche entsprechend ausgerüstet sind. Wie eine Landkarte nicht selbst das Land ist, das sie abbildet, sind auch weder Selbst- noch Weltbild des Menschen das, was sie zu sein vorgeben: gültige Beschreibungen der Wirklichkeit.

Alle Gedanken sind unzutreffend, alle Worte blind, alle Aussagen falsch, alle Erkenntnisse mangelhaft, alle Gefühle einseitig. Die Sinne betrügen, der Verstand belügt. Das Streben nach Erkenntnis geht in die Irre, wie die Suche nach Antworten zu immer neuen Fragen führt. Wer sucht, der findet: den Ausgangspunkt für eine neue Suche.

Seine Vergangenheit liegt unerreichbar hinter dem Menschen, seine Zukunft ebenso unerreichbar vor ihm. Vorbei ist vorbei und kann nicht mehr verändert werden. Was noch nicht eingetroffen ist, liegt in Ungewissheit und kann nicht vorherbestimmt werden. Dennoch verbringen die meisten den größten Teil ihres Lebens in der Vergangenheit oder der Zukunft, indem sie entweder vergangenen Erlebnissen nachhängen oder zukünftige gedanklich vorwegnehmen. Die einzige Bodenhaftung des Menschen mit der Wirklichkeit bildet der Augenblick. Alles Leben findet ausschließlich im Augenblick statt. In seiner zeitlichen Ausdehnungslosigkeit bietet der Augenblick dem Verstand keine Angriffsfläche, weshalb dieser wie an der Schneide eines Messers an ihm abgleitet – entweder in Richtung Vergangenheit oder in Richtung Zukunft. Wer sein Leben verbringt, indem er rückwärtsgewandt festzuhalten versucht, was einst gewesen ist, verliert es ebenso wie derjenige, dessen vorausblickender Lebensstil ihm eine sichere Zukunft bescheren soll. Wer sich selbst auf der Zeitachse zurück oder vorwärts projiziert, tut dies in der Regel aus Sorge um sein Leben, das er gerade dadurch verliert und als ungelebt brandmarkt.

Der Mensch macht sich grundsätzlich zu viele Gedanken. Gedanken haben in erster Linie die Aufgabe, vom Hier und Jetzt abzulenken, indem sie die Aufmerksamkeit von dem, was ist, abziehen und gleichsam auf einen inneren Bildschirm lenken, auf dem meist ein Mix aus vergangenen Eindrücken und zukünftigen Erwartungen, Hoffnungen oder Befürchtungen dargeboten wird. So entstehen Selbst- und Weltbild als zentrale Elemente der Geschichten und Erklärungen, in denen man lebt, als wäre es die Wirklichkeit selbst, mit der man sie schließlich verwechselt. Ängste, Sorgen, Nöte etc. brauchen mehr Platz, als ihnen im schmalen Hier und Jetzt des Augenblicks geboten wird. Vor dem Hintergrund der Vergangenheit beziehen sie sich auf (zu erwartende, zu verhindernde oder herbeizuführende) zukünftige Ereignisse. Das strikte Festhalten an einer möglichst umfassenden Wahrnehmung des Augenblicks stellt dementsprechend eine wirksame Übung zur Erlangung geistiger Disziplin dar. Wer sich gelegentlich mit einem Satz wie *ICH BIN JETZT!* an diesen Umstand erinnert und sich in der Folge dem Wirken des Augenblicks widmet, stärkt dadurch nicht bloß seine Nerven, sondern nähert sich auch seinem singulären Bewusstsein, das von keinen Widrigkeiten wie z.B. Krankheit oder von sonstigen Unbilden je erreichbar – als unbewegter Beweger – ein ganzheitliches Selbsterleben im Augenblick bildet.

Was sehe ich JETZT?
Was höre ich JETZT?
Was spüre ich JETZT?
Was fühle ich JETZT?

Der Mensch macht sich grundsätzlich zu viele Gedanken-
Welche Gedanken ziehen gerade JETZT an mir vorbei?

Auf welche Weise versucht mein Verstand, mich eben JETZT
von der bewussten Wahrnehmung dieses Augenblicks abzu-
halten?

Wer sich durch die Beschäftigung mit solchen Fragen bemüht,
am Augenblick festzuhalten, wird schnell merken, wie er ru-
higer wird und Belastungen von ihm abzufallen beginnen. Je
„kleiner" man sich macht, umso höher der Grad an Freiheit,
die man dadurch erlangt.

Geistig spirituelle Disziplin wie Gebet, Versenkung oder Meditation dienen nur dem einen Zweck: der Wiedererlangung eines singulären Bewusstseins. Durch Konzentration auf isolierte Bewusstseinsinhalte, Reizüberflutung oder Reizdeprivation sowie durch eine Vielzahl anderer Techniken zur Außerkraftsetzung des normalen Wachbewusstseins soll es gelingen, sein tatsächlich unbegrenztes Selbst aus den Fesseln des Verstandes zu befreien. Hohe Bedeutung kommt dabei regelmäßigem Üben zu. Obwohl unterschiedliche Arten der Meditation bzw. des Gebets etc. sich durchaus erheblich voneinander unterscheiden, ja bisweilen sogar widersprüchlich erscheinen können, kommt der Wahl der Methode weit weniger Bedeutung zu als ihrer kontinuierlichen Anwendung. Wer sich daran gewöhnt, die ausgetretenen Pfade wachbewusster Denkmuster zu verlassen, wird schon bald in neue Bewusstseinsräume vordringen und dabei Wahrnehmungen machen, die nicht mehr Teil seiner bisherigen Weltsicht sind.

Der freie Wille – im Sinne bewusster erlebens- und verhaltenssteuernder Entscheidungen – ist eine Illusion. Obwohl der Mensch vermutlich nie in der Lage sein wird, die Funktionsweisen des eigenen Hirns mit seinem Verstand zu begreifen, ist man doch in der Erforschung neuronaler Informationsverarbeitungsprozesse inzwischen weit genug fortgeschritten, um zu verstehen, dass das Prinzip des freien Willens mit der Organisations- und Funktionsweise des menschlichen Nervensystems nicht vereinbar ist. Dennoch stellt die Fiktion der Willensfreiheit selbst eine sinnvolle Leistung des Gehirns dar. Indem sie entscheidend zur Identifikation des Menschen mit einem entsprechend sozial verträglichen Selbst- bzw. Weltbild beiträgt, hält sie ihn gleichzeitig darin gefangen. Dem freien Willen kommt so also zuerst die Aufgabe zu, den Menschen „an der Stange" zu halten und ihm die Beschränkung auf ein einzelnes Wesen, das einer Vielzahl unterschiedlicher Beschränkungen unterliegt, „schmackhaft" zu machen bzw. ihn erst gar nicht auf die „Idee einer Alternative" kommen zu lassen.

Bewusste Entscheidungen gibt es nicht. Vor die Wahl unterschiedlicher Verhaltensalternativen gestellt verfügt man entweder über ausreichende Informationen, um abwägen und im Falle einer unterscheidbaren Gewichtung das Logische tun zu können. Oder die zur Verfügung stehenden Alternativen sind gleich gewichtet, was den Entscheidungsprozess schließlich in einen Willkürakt münden lässt. Wer sich aber logisch verhält, tut dies folgerichtig und damit prinzipiell vorhersagbar. Entscheidung stellt dann nichts anderes als eine Abfolge von Handlungsschritten dar, die vollkommen vorherbestimmt einer aus dem anderen ableitbar sind. Wer demgegenüber für sein Verhalten über keine logischen Gründe der Bevorzugung verfügt, bleibt ein Spielball des Zufalls – eine Entscheidung findet wiederum nicht statt. Zwischen gleichwertigen Sachverhalten ist eine Entscheidung unmöglich, zwischen nicht gleichwertigen aber unnötig, da das Ergebnis einer Entscheidung bereits in der festzustellenden Ungleichheit begründet liegt (und die Entscheidung somit de facto schon getroffen ist).

Was man sich nicht vorstellen kann, vermag man auch nicht wahrzunehmen.

Was man erwartet, kommt auf einen zu.

Was man fürchtet, hat man sich einverleibt.

Wen oder was man liebt, liebt einen.

Wer um sein Leben bangt, hat es verloren.

Was man sich wünscht, ruft nach einem.

Was man ablehnt, weist einen zurück.

Womit man sich beschäftigt, beschäftigt sich mit einem.

Was man flieht, verfolgt einen.

Was man zu besitzen meint, besitzt einen.

Was man aufgibt, wird einen loslassen.

Das Gehirn des Menschen gleicht in seiner Funktion einer optischen Linse, die das Licht der Sonne (singuläres Bewusstsein) auf einen einzigen Punkt (individuelles Bewusstsein) zu bündeln vermag. Singuläres Bewusstsein wird vom Gehirn seiner unbeschränkten Natur beraubt und auf das individuelle Bewusstsein eines Menschen konzentriert. Das Gehirn bringt Bewusstsein also nicht hervor, sondern reduziert es lediglich „auf ein menschliches Maß" wie ein Radioempfänger, der aus der Vielfalt der nicht von ihm hervorgebrachten Frequenzen eine herausgreift und als eingestelltes Programm zum Ausdruck bringt.

So erklärt es sich auch, dass Patienten, deren Gehirne durch Beschädigung bzw. Krankheit in ihrer Funktion auf bestimmte Arten beeinträchtigt sind, bisweilen z. B. über Wahrnehmungen zukünftiger Ereignisse oder anderer Phänomene berichten, die weit über die Grenzen des gewöhnlichen Alltagsbewusstseins hinausreichen.

Seine Gedanken sind das Unterhaltungsprogramm des Menschen. Sein Denken (nach-)erzählt ihm die Geschichte eines Einzelwesens in einer Welt, die mehr ist als die Summe ihrer zahlreichen Teile. Es ist eine Geschichte von Unterscheidungen und Vergleichen, eine Geschichte, die das für immer Unerklärliche wenigstens vorübergehend in eine Erklärung zu bannen sucht, die wie alle Erklärungen zu kurz greifen muss. Wer sich bzw. die Welt zu verändern beabsichtigt, kann dies ausschließlich mittels einer Veränderung der (Nach-)Erzählung in seinem eigenen Kopf bewirken. Die Wahl der Geschichte ist gleichbedeutend mit der Einstellung eines Radiosenders. Üblicherweise geschieht diese Wahl (oft unbewusst) als Reaktion auf das freie Spiel innerer und äußerer Entwicklungs- bzw. Einflussfaktoren. Schon daher gehen viele davon aus, dass sie den Geschichten in ihren Köpfen als gleichsam nicht von ihnen selbst vorgenommenen Einstellungen lebenslang ausgeliefert bleiben. Tatsächlich gelingt es jedem problemlos, diese „innere Selbsterzählung, von der alles abhängt", zu verändern, sowie man die Beliebigkeit jeder Bewertung erkannt und den Anspruch darauf, die Wirklichkeit gedanklich zu erfassen, fallen gelassen hat.

Wer besitzt, fürchtet Verlust.
Wer liebt, fürchtet Trennung.
Wer sich bewegt, fürchtet Stillstand.
Wer ruht, fürchtet Bewegung.
Wer lebt, fürchtet den Tod.
Wer (schein-)tot ist, fürchtet das Leben.
Die Gier nach mehr ist der Hunger der Angst, Besitz ihre Nahrung.

Singuläres Bewusstsein kennt keinen Verlust, weil es kein „außerhalb der Singularität" gibt, kann dort auch nichts verloren gehen – nicht einmal der einzelne Mensch, der eben durch die Singularität mit allen anderen bzw. allem anderen verbunden ist. Wobei diese Verbundenheit in Form einer absichtslosen Gewissheit jenen seltsamen Bewusstseinshintergrund bildet, der einem oft das Gefühl bereitet, die Antwort auf jede Frage irgendwie zu ahnen, sodass man seine Bemühungen, entsprechende Inhalte auch gedanklich bzw. sprachlich festzumachen, so lange intensiviert, bis dies schließlich gelingt.

Singuläres Bewusstsein bildet die Grundlage jener anhaltend starken Motivation, die den Menschen auf seiner Suche nach Antworten die Leiter der Entwicklung immer weiter hinauftreibt.

Tatsächlich kommt die Traum-Metapher der Wirklichkeit so nahe, dass man sie zu Recht als deren (dem Menschen am ehesten nachvollziehbaren) Stellvertreter bezeichnen darf. Wer sich dementsprechend immer wieder daran erinnert *Ich träume!*, trifft den Nagel sozusagen auf den Kopf. Ob es sich um eine angenehme oder unangenehme Szene handelt, *Ich träume!* beschreibt die Wirklichkeit weit zutreffender, als für wirklich zu halten, was man gerade erlebt. Auch wenn man noch so Schreckliches erfährt, das man nicht länger zu ertragen können meint – z.B. Leiden und Tod eines nächsten Angehörigen –, *Ich träume!* bleibt doch richtig und erst wenn *Ich erwache!*, werden sich die Schatten dieses Traums im hellen Licht des Tages schnell verflüchtigen. Wer schon einmal geträumt hat, einen schrecklichen Verlust erlitten zu haben, kennt die Erleichterung, die sich beim Aufwachen einstellt, wenn sich erweist, dass man noch immer besitzt, was man im Traum verloren wähnte. Ebenso verhält es sich mit dem Leben (und dem Tod).

Man ist immer allein!

Liebe deinen Nächsten, denn du bist es SELBST!

Man ist nie allein!

„Erleuchtung" besteht darin, zu begreifen, was es bedeutet, dass man (u. a.) mit jedem Menschen im selben singulären Bewusstsein verbunden ist, das jeweils nur für die Dauer einer Lebensspanne durch „die Linse des Gehirns" auf ein Einzelwesen fokussiert ist. Der „Erleuchtete" weiß, dass er am Ende seiner irdischen Existenz bei seiner „Rückkehr" ins Licht des einen Photons sein eigenes Leben gleichwertig allen anderen bereits gelebten und noch zu lebenden betrachten wird, die in ihrer Gesamtheit das Spiel des singulären Bewusstseins mit sich selbst begründen. Solange er sich in Fleisch und Blut befindet, wird er jedem anderen Lebewesen mit äußerstem Wohlwollen begegnen und jede Gelegenheit nutzen, einen günstigen Einfluss auf andere auszuüben, da er weiß, dass jedes andere Leben auch für bzw. von ihm selbst gelebt wird, steht es ihm doch nach seiner „Heimkehr" als eigenes zur Verfügung. Seine Freude über die Freude anderer, über deren Erfolge, ist echt, da es stets sein eigenes Erleben ist, in dem er sich – wenn die Zeit reif ist (wenn die Illusion der Raum / Zeit wie eine Seifenblase platzt) – ebenso unbefangen aufhalten wird wie in jener begrenzten Form, die ihm das Gehirn während seiner menschlichen Selbstbeschränkung als einzige vorzugaukeln versucht.

Das Hirn fokussiert Bewusstsein durch das Ineinandergreifen struktureller und dynamischer (elektrochemischer) Komplexität. Je höher der Komplexitätsgrad der neuronalen Organisation, desto höher (= fokussierter) das Bewusstsein. Da die Komplexität der Gehirne vom Tier zum Menschen ansteigt, trifft dies auch auf den Ausprägungsgrad des (Selbst-)Bewussteins zu. Allgemein: Je komplexer eine Struktur, desto höher das von ihr getragene Bewussteins. Eine in steter Veränderung befindliche ausgedehnte Wellendynamik von besonders hoher Komplexität ist wohl dem Wasser eigen, weshalb ihm in vielen spirituellen bzw. religiösen Überlieferungen auch das höchste Bewusstsein zugeordnet wird: Der Geist Gottes (= singuläres Bewusstsein), der noch vor der Schöpfung über den Wassern schwebt, Wasser als Symbol der Transformation des menschlichen zum göttlichen Bewusstsein (wie z.B. beim Sakrament der Taufe oder anderen zeremoniellen Handlungen) ... Eine interessante Folge ist, dass Bewusstsein allem Existierenden in unterschiedlicher Ausprägung eigen ist. So hat jeder Stein, jede Pflanze, jedes Lebewesen Anteil am selben Bewusstsein – unterschiedlich ist lediglich die Schärfe des Fokus (der seiner Natur nach unbegrenztes, singuläres Bewusstsein auf die raumzeitlich begrenzte Selbstwahrnehmung eines Individuums konzentriert).

Bewusstsein ist Licht.

„Erleuchtung" verändert nichts, aber bestätigt alles.

Alles ist an seinem Platz.

Glück ist die emotionale Qualität des Loslassens, ein Gefühl der Authentizität, das sich einstellt, sobald man mit seinem Leben im Gleichklang schwingt. Dazu ist es nötig, dem Schauspiel im Kopf, der Inszenierung des Bewusstseins als dem Spektakel des Hirns „zu entsagen", sämtliche Erinnerungen sowie alles vorausschauende Denken, Planen und Abwägen sich selbst zu überlassen und „die Welt anzuhalten", indem man sich stets daran erinnert: ICH BIN JETZT! Diesem JETZT nachzu-spüren, unabhängig davon, wo man sich gerade befindet und was man eben tut, sich in dieses JETZT zu versenken, sich ihm bedingungslos auszuliefern, ist der Weg in die Befreiung, in die Leere, ins Nichts, das zugleich allumfassend als Singularität ebenso wie als Tao bezeichnet werden kann. So bedeutet Los-lassen als Synonym der großen Befreiung, der Erleuchtung, das Überwinden der Zeit, deren eingebildetes Fließen ebenso dem Augenblick entspringt wie sein eingebildetes ICH, mit dem der Mensch wie auf einem zum Untergang bestimmten Floß den Fluss der Zeit vergeblich zu überqueren trachtet. ICH BIN JETZT ist als Selbstbekundung der Singularität jenes ewige Überall und Immer, an das man unweigerlich gelangt, wenn man die Spuren seiner Wahrnehmungen, Empfindungen oder Gedanken zurückverfolgt an ihren Ausgangspunkt im jewei-ligen Augenblick des ICH BIN JETZT. Dies ist die Magie des Augenblicks: Wenn man innehält, kommt auch die Welt zum Stillstand.

Gesundheit ist die Fähigkeit, sich aufs Wesentliche – d.h. aufs Leben! – zu konzentrieren. Gesundheit bezeichnet somit die Möglichkeit, an allen Beeinträchtigungen vorbei zu leben. Sie ist als Möglichkeit, die es zu verwirklichen gilt, immer vorhanden. Eine körperliche Erkrankung stellt einen Sachverhalt dar, der einen zu einer Stellungnahme herausfordert. Je nachdem wie diese Stellungnahme ausfällt, betrachtet man sich als krank oder gesund. Gesundheit ist eine mögliche Antwort auf eine Frage des Lebens. In welchem Zustand sich sein Körper auch befindet, jeder Augenblick hält noch immer Möglichkeiten bereit, deren Nutzung Gesundheit verwirklicht. Gesundheit ist immer JETZT möglich – dies gilt vom ersten bis zum letzten JETZT, das in Wahrheit immer dasselbe ist.

Mit seinem Wach- bzw. Selbstbewusstsein „bastelt" der Mensch an seiner Geschichte über sich und seine Welt bzw. über die Art und Weise des Zusammenspiels zwischen Innen und Außen. Es entstehen Selbst(-Bild) und Welt(-Bild) eines Menschen als Orientierungshilfe für seine unbewussten Prozesse, die wiederum Erleben und Verhalten mit diesem aktuellen Selbstverständnis in Einklang bringen. So löst das Gehirn das Dilemma von der neurologischen Unmöglichkeit eines freien Willens. Ein bewusster freier Wille steht ausschließlich in der (Aus-)Wahl der Geschichte zur Verfügung, die man sich als Selbst- und Weltdeutung zurechtlegt. Wie jemand sich angewöhnt hat, über sich selbst zu denken, bildet also jene (Grob-)Einstellung, die dem Unbewussten die (Entwicklungs-)Richtung seiner (Fein-)Einstellungen vorgibt, aus denen Erleben und Verhalten unmittelbar folgen. Der freie Wille existiert ausschließlich auf der Ebene der Selbstbeobachtung und -bewertung.

Das Alltagsbewusstsein eines Menschen, seine voranschreitende Lebensgeschichte, alles, was ihm wichtig oder unwichtig, gut oder schlecht erscheint, wofür er sich einsetzt, was er meidet und was er anstrebt, was ihn beunruhigt und was ihn erfreut, alles, was er wahrzunehmen oder sich vorzustellen vermag, ist wie ein Theaterstück in seinem Kopf, wobei Regisseur, Schauspieler und Publikum von einem einzigen Organ repräsentiert werden, dem Gehirn. Somit kommen dem Gehirn neben sämtlichen unbewussten Zuständigkeiten (etwa der Lebenserhaltung) vornehmlich zwei Aufgaben zu:

- Die Schaffung des Traumbewussteins und der Traumwelt.
- Die Schaffung des Wachbewussteins und der Alltagswelt.

Mit beiden Leistungen versucht sich das Gehirn selbst darüber hinwegzutäuschen, dass ihm die Unbegrenztheit der Singularität und damit die Wirklichkeit keine Angriffsfläche bietet.

Sollte es sich jemand – aus welchem unsinnigen Grund auch immer – zur Angewohnheit gemacht haben, solange er wach ist, jeden einzelnen Atemzug bewusst zu nehmen, wird er dem Ansinnen, dies zu unterlassen, schon bald mit hoher Skepsis begegnen, da er fürchtet ohne bewusstes Atmen ersticken zu müssen. Eine solche Selbstüberschätzung der eigenen Bedeutung ist ein Wesensmerkmal des menschlichen Bewusstseins, das alles, worauf es seinen Fokus richtet, für das eigene Werk hält. Nun hat sich der Mensch jedoch daran gewöhnt, seine bewusste Aufmerksamkeit fest auf sein Erleben und Verhalten gerichtet zu halten und daher zu glauben, er selbst als bewusstes ICH sei dafür zuständig und verantwortlich, was ein großer Irrtum ist. Würde man ihn auffordern, sein Bewusstsein von seinem inneren Geschehen (als bewusste Reflexion psychischer Vorgänge) abzuziehen, wird er dies für unmöglich, zumindest aber für gefährlich halten. Ähnlich jenem Piloten, dem es schwer fällt, unterm Flug den Steuerknüppel loszulassen. Dass dies nicht nur vollkommen ungefährlich, sondern in Wahrheit auch bedeutungslos ist, wird erst klar, nachdem er begriffen hat, dass ohnehin die ganze Zeit der Autopilot aktiv ist. Würde man sein Erleben und Verhalten sich selbst überlassen und sein Bewusstsein mehr auf das Erleben des jeweils EINEN Augenblicks richten, würde sich – von der inneren Freiheit, die man dadurch erreicht, einmal abgesehen – nichts ändern.

Die Energie, die frei wird, wenn das Gehirn nicht mehr versucht, den Traum, den es für die Wirklichkeit hält, nach seinen beschränkten Vorstellungen zu gestalten, reicht für eine unmittelbare „Beschleunigung in die Singularität".

III
ICH – (Nicht-)ICH:
Intuition

Nichts fürchtet der Mensch so wie seine Freiheit. Gleichzeitig existiert nichts, wonach es ihn mehr verlangt. Dies markiert die innere Widersprüchlichkeit als menschliches Wesensmerkmal. In der Angststörung zeigt sich diese Dynamik am deutlichsten. Je mehr man sich von seinen Ängsten eingeschüchtert zum (sozialen) Rückzug zwingen lässt, umso stärker werden die Ängste und umso katastrophaler ihre Auswirkungen. Je mehr man sich seinen Ängsten entgegenstellt, desto eher lassen sie nach. „Angst ist selbst der größte Feigling", weshalb sie einem auch stets „im Nacken sitzt". Angst kommt immer von hinten und da sie schneller läuft, holt sie einen auch immer ein. Wendet man sich der Quelle seiner Angst zu, lässt sich von ihr nicht ins Bockshorn jagen, nimmt sie selbst die Beine in die Hand, flieht und ist nicht mehr einzuholen. Auf diese Weise lässt sich Angst in die Flucht schlagen.

Noch besteht die am meisten verbreitete Strategie für den Umgang mit Angst darin, sie in theoretische und lebensfeindliche Konzepte und Regelwerke zu bannen. Insofern darf man hinter den meisten sozialen, kulturellen, wissenschaftlichen und technischen Leistungen der Menschheit die Motivation, seine Ängste aufzulösen, erkennen. Hinter jeder Angst verbirgt sich aber die Furcht vor dem Tod, vor der eigenen Selbstauslöschung, dem bleibenden Selbstverlust.

Sich seinen Ängsten zu stellen führt in die Freiheit, sie zu meiden in die Sklaverei.

Die Akzeptanz eines IST-Zustandes ist der erste Schritt in Richtung seiner Veränderung. Akzeptanz heißt lediglich Anerkennen und nicht unbedingt Zustimmen. Veränderung bedeutet Einflussnahme. Einflussnahme ist jedoch nur im ausdehnungslosen Hier und Jetzt des Augenblicks möglich, da weder die Vergangenheit noch die Zukunft augenblicklich zur Verfügung stehen. Um sich einem beliebigen Sachverhalt in einer Veränderungsabsicht zuzuwenden, muss man sich darauf – wann sonst als im Augenblick!!! – einlassen, ihn wahrnehmen, als gegeben hinnehmen und damit akzeptieren, ihn erst einmal sein lassen, um schließlich dieses Sein – als das eigene – erfassen zu können. So wird Kontakt hergestellt und Veränderung möglich.

Veränderung ist das Wesen aller Dinge, sie stellt sich von selbst ein, sobald man bereit ist, sie wahrzunehmen und nicht vor lauter Unzufriedenheit und Ablehnung am (und dadurch den) IST-Zustand festhält und jeder Veränderung gerade dadurch entgegenwirkt. Dass Wahrnehmen bzw. Bobachten die Wirklichkeit schon im unendlich Kleinen beeinflusst und damit eine Kettenreaktion auslöst, weiß die Physik. Mit Starrheit bzw. Verweigerung einer Veränderung reagieren Menschen u. a., sobald sie das Gefühl bekommen, in ihrem SO-SEIN, als Person, nicht mehr wahrgenommen zu werden. Wer jemanden verändern will, braucht sich ihm nur unvoreingenommen (!) zuzuwenden, um ihn auf sich wirken zu lassen und Veränderung wird von selbst geschehen.

Wer etwas ändern oder jemandem dabei helfen will, sich selbst zu ändern, hat als Erstes jede Veränderungsabsicht fallen zu lassen. Denn jede Absicht wendet sich vor dem Hintergrund einer (meist negativen) Stellungnahme zum IST-Zustand (also einer Ablehnung der Person in ihrem aktuellen Sosein) an die Zukunft. Die Zukunft ist aber nicht jetzt und bietet somit noch keine Zugriffsmöglichkeit. Eine Sache, eine Person oder sich selbst zu verändern heißt, sich ihr bzw. sich selbst bedingungslos zuzuwenden. Nicht um zu verändern, sondern um zu verstehen, nicht um zu wissen, sondern um zu werden: zum Inhalt seiner Wahrnehmung. Im ausdehnungslosen Jetzt des einzigen Augenblicks, in dem (aus Raum / Zeitmangel) nur eine Einheit und keine Zweiheit möglich ist, findet sich die Ebene des wahren Kontakts und damit die einzige wirkliche Veränderungsmöglichkeit. Um diese Ebene zu erreichen, muss man sich aber „so klein machen", dass man keine wie auch immer geartete Absicht mit sich zu führen vermag. Absichtsloses Verweilen bei dem, was man zu verändern beabsichtigt, es so lange auf sich „wirken zu lassen", bis alles Trennende sich auflöst und Veränderung von selbst stattfindet, ist der einzige Weg – der sich selbst beschreitende Weg.

Wer sich von jemand vorurteilsfrei wahrgenommen fühlt, wird sich einem inneren Bedürfnis folgend diesem von selbst offenbaren. Dies ist das Geheimnis der nicht manipulativen Methode, die ihr Ziel zwar nie erreicht, aber das muss sie auch nicht, da sie gerade dies bereits getan hat, indem sich der diese Methode zur Anwendung Bringende schon an diesem Ziel befindet, von dem ihn ja nur eine Veränderungsabsicht zu trennen vermag.

Glückliche Menschen wollen, was sie bekommen. So bekommen sie stets, was sie wollen. Wer aber stets bekommt, was er will, hat jeden Grund, glücklich zu sein. Das ist so banal wie zutreffend – allerdings nur unter einem wesentlichen Vorbehalt: dass damit die Hypothese eines freien Willens, die Möglichkeit einer freien Willensentscheidung, aufgegeben werden muss, da nur auf diese Weise jenes „innere Sich-zurück-Lehnen" möglich wird, welches der Erkenntnis entspringt, dass ohnehin alles nach Gesetzen geschieht, die für immer dem Bewusstsein des Menschen entzogen sind. Daher braucht man sich auch keine ernsthaften Gedanken über den Verlauf seines Schicksals zu machen. So gesehen eine feine Sache – eine ganz feine sogar!

Der Mensch ist die „(Selbst-)Beobachtungsfunktion der Singularität". Seine Augen sind die der Singularität, seine Ohren die ihre. In jeder einzelnen Person ruht dieselbe Singularität, die wie ein Schwarzes Loch selbst die am weitesten entfernten Teile des Universums ineinander überführt. Alles Gesehene ist nicht wirklich, alles Gehörte nicht wahr, alles Gefühlte nur ein Eindruck. Mit seinen Sinnen erkennt man die Welt nicht, sondern erschafft sie. Das Bewusstsein ist der Ort, an dem sie entsteht. Wahrnehmen bedeutet, aus der Unendlichkeit aller möglichen Welten eine herauszugreifen und mit seinen Sinnen festzuhalten. Jedes einzelne Gehirn bildet das Zentrum eines einzigartigen Universums, das sich erst in dieser (Selbst-)Beobachtung durch seine Geschöpfe in seiner ganzen Vielfalt zeigen kann. Seinen je individuellen Beitrag zur Entstehung des Universums zu leisten, ist die Natur des menschlichen Bewusstseins und damit seine Aufgabe. Der Mensch ist als Beobachter, als Zeuge, in dieser Welt, die erst dadurch ins Leben bzw. zur Wirklichkeit gerufen wird.

Was der Mensch als seine Lebensgeschichte betrachtet, ist lediglich EINE Geschichte, die sich zur Wirklichkeit so verhält, wie eine unendlich dünne Scheibe zum Rest einer unendlich dicken Wurst. Wie jedes Wurstblatt jedem anderen gleichwertig (und dennoch nicht dasselbe) ist, ist auch jede Biografie jeder anderen gleichwertig. Indem jeder mit seinem Schicksal einen Aspekt der Wirklichkeit zum Ausdruck bringt, gibt es keinen Grund zur Bevorzugung eines Menschen vor einem anderen. Darin liegt die je individuelle Lebensaufgabe eines Menschen als Geburtshelfer der Wirklichkeit. So bringen Wertunterschiede zwischen einzelnen Menschen bzw. Menschengruppen nichts anderes als die Irrtümer derjenigen zum Ausdruck, die daran glauben.

Der Augenblick ist die jeweils aktuelle Ausformulierung einer Frage, die das Leben an einen richtet. Sich ihr stets aufs Neue zu stellen, erfüllt das Leben des Menschen mit Sinn. Da diese Sinnerfahrung jeweils nur kurz währt (bzw. trägt), muss sie ununterbrochen wiederholt werden. *Wie trete ich diesem Augenblick entgegen?* definiert die sich ständig erneuernde Lebensaufgabe des Menschen. Andere Fragen führen leicht in die Irre, indem sie ein Gedankengebäude eröffnen, dessen Weitläufigkeit weder Orientierung ermöglicht noch von besonderer Bedeutung ist. Die beste Art, dem Augenblick entgegenzutreten, ist eine gewährende, sich einlassende, keinesfalls jedoch eine manipulative, mit einer Veränderungsabsicht ausgestattete. Man darf nicht vergessen, dass es nicht die Augenblicke selbst sind, die der Mensch zu wählen vermag, sondern ausschließlich die Art und Weise der Auseinandersetzung damit. Jeder Veränderungsabsicht wohnt bereits eine Ablehnung inne. Ablehnung kommt einem Negieren des Augenblicks als Zurückweisung der vom Leben gestellten Frage und damit einem Zurückweisen des Lebens selbst gleich – mit allen unerfreulichen Konsequenzen.

Der einzige Sinn, der dem Menschen einen Zugriff auf die „Wirklichkeit" erlaubt, ist die Intuition. Indem sie das Bewusstsein umgeht, bezieht sie sich auf den gemeinsamen Seins-Hintergrund von Wahrnehmenden und Wahrgenommenen. Die Singularität ist als kleinster und zugleich größter gemeinsamer Nenner alles Existierenden Träger der Intuition. Wovon man nicht getrennt ist, das kann man gleichsam von innen wahrnehmen. So kann die Intuition auch als die allem gemeinsame Innenansicht verstanden werden. Wie jede Fähigkeit braucht auch die Intuition regelmäßige Übung, um störungsfrei zu funktionieren. Im Falle der Intuition sind es vor allem Einflüsterungen des Bewusstseins, Wünsche, Vorstellungen, Erwartungen, Meinungen, Vorurteile etc., die die Richtung der Intuition entsprechend den aktuellen Bewusstseinsinhalten verfälschen. Darin besteht auch schon der Zweck der Übung: die subtilen Beeinflussungsversuche des Bewusstseins zu erkennen und von jener inneren Gewissheit auseinanderzuhalten, die sich von selbst einstellt, wenn die Verbindung mit dem Gegenstand der intuitiven Wesensschau hergestellt ist. Am leichtesten gelingt dies wiederum, wenn man sich vorerst jeder bewussten (Veränderungs-)Absicht enthält und das Ziel seiner Intuition unvoreingenommen auf sich wirken lässt.

Der erste Schritt zur Intensivierung seiner Intuition besteht in der Übung des absichtslosen Wahrnehmens. Dazu wählt man am besten einen vollkommen banalen Gegenstand. Man setze sich dem gewählten Objekt aus und lasse es auf sich wirken. Gleichzeitig achte man auf alles, was sich an Gedanken, Ahnungen, Vorstellungen, Stimmungen etc. einstellt. Zur Schulung seiner Intuition kommt es zuerst darauf an, die Auswirkungen der Rastlosigkeit des Bewusstseins, die sich augenblicklich in den Vordergrund rückt, sobald die Konzentration auf einen einzigen Inhalt dem Bewusstsein die Basis für seine rege Geschäftigkeit nimmt, von jenem Empfinden zu trennen, welches die derart intensive Konzentration im Bewusstseinshintergrund hervorruft. Was ist Ausdruck des durch diesen Akt der Selbstbeobachtung gefesselten Bewussteins und was ist auf die Wirkung „des Zielobjekts" zurückzuführen? Der Zweck der Übung besteht also im nachträglichen (!) Auswerten und Zuordnen seines eigenen inneren Empfindens. Da dem jedoch eine Absicht innewohnt – nämlich die Wahrnehmungen der Intuition von denen des Bewusstseins zu trennen –, kann und darf diese Analyse erst im Nachhinein vorgenommen werden.

Im Anschluss an die Versenkungsübung, die aufgrund der Überwindung seiner inneren Unruhe wenigstens 20 Minuten dauern sollte, beginnt also die eigentliche Arbeit: zu unterscheiden, welches Empfinden ist dem Hintergrundrauschen des Bewusstseins und damit dem Gehirn zuzuordnen und welches der Intuition. Dazu sollte man wissen, dass die Intuition selbst weder Gedanke noch Gefühl oder (Vorstellungs-)Bild ist und auch sonst keine sprachlich beschreibbare Form anzunehmen vermag, aber all diesem als eigene Qualität anhaftet. Am leichtesten tut man sich anfänglich, wenn man an die Auswertung der während der Versenkung gesammelten „Daten" mit einer konkreten Frage herangeht, deren Beantwortung dem Gehirn unter Nutzung aller ihm bekannter Informationen ebenso wenig möglich ist, wie sie aus anderen Sinneswahrnehmungen erschlossen werden kann. *Wie fühlt sich der gewählte Gegenstand inwendig an?* oder *Wie nimmt er seine Umwelt wahr?* mögen als Beispiele derartiger Fragen dienen. Anschließend sollte man versuchen, sich diese Fragen möglichst umfassend – gedanklich, bildlich, gefühlsmäßig etc. – zu beantworten. Als Nächstes steht die Feststellung, dass allen gefundenen Antworten zweierlei gemeinsam ist:

- Sie sind nicht Ergebnis der Intuition und daher im intuitiven Sinn allesamt falsch!
- In jede einzelne Antwort ist die Intuition – wenngleich auch in mehr oder weniger zensierter Form – mit eingeflossen!

Der nächste Analyseschritt besteht nun darin, alles zu verwerfen, was sprachlich – direkt oder bildlich – beschreibbar ist.

Tatsächlich ist die Intuition ununterbrochen aktiv und liefert dementsprechend unentwegt Resultate. Allerdings nimmt sich das Gehirn dieses „Rohmaterials" ebenso an wie aller anderen Sinneseingänge und be- bzw. verarbeitet es. Das Gehirn orientiert sich dabei an aktuellen Bewusstseinsinhalten, die wie Interpretationsschablonen genutzt werden. Das bedeutet, dass die Ergebnisse der Intuition so (um-)gedeutet werden, dass sie sich nahtlos ins jeweils aktive Selbst- bzw. Weltbild einfügen. Ist dies nicht möglich, werden die intuitiven Anteile in den Wahrnehmungshintergrund verschoben bzw. verdrängt.

Mit der Intuition verhält es sich wie mit einem Photon. Versuche es „festzuhalten" führen metaphorisch gesprochen zum Zusammenbruch seiner Wellenfunktion und es manifestiert sich als beschreibbares Teilchen. Die Intuition entspricht dabei der Wellennatur, der Verstand bzw. das Bewusstsein als Leistung des Gehirns der Teilchennatur des Photons. In Ausbildung befindliche Mönche unterschiedlicher spiritueller Traditionen werden oft so lange mit widersinnigen, den Verstand ad absurdum führenden Anweisungen konfrontiert, bis sie, von der Aussichtslosigkeit ihrer Bemühungen frustriert, ihren inneren Blick von allen bewussten Verstandes- und Gefühlleistungen abziehen und sich auf jene Sphäre der Singularität „einzuschwingen" beginnen, die dem Vorstellungsvermögen des Hirns grundsätzlich verschlossen bleibt.

Nicht die Intuition ist es, die gestärkt werden muss, sondern der Verstand bzw. die Dominanz des Ich-Bewusstseins gilt es zu schwächen. Sobald man gelernt hat, sich vom ewigen Getöse seines Denkens und Fühlens nicht mehr ablenken zu lassen, erschließt sich die Intuition als raumzeitlose Verbindung zwischen allem, was existiert, von selbst – als primäre Qualität der Singularität.

Die Intuition ist vollkommen eigenschaftslos und daher unmöglich zu beschreiben. Sie bildet eine „bloße Neutralität", die ebenso wie eine Kinoleinwand während der Vorführung zwar immer vorhanden, aber aufgrund des darauf projizierten Films unsichtbar bleibt. Sie wurde schon mit vielen Namen belegt. Tao, das alles umfassende Nichts, ist einer davon, Singularität ein anderer. Und wie die Leinwand genau genommen nichts mit dem Film zu tun hat, bleibt auch die Intuition unbeeindruckt von allem bewussten Wahrnehmen und Empfinden. Bietet die Leinwand als Reflexionsfläche dem nicht wahrnehmbaren Spiel farbiger Lichtbündel erst die Möglichkeit, zu einem optisch erfassbaren Sinnzusammenhang zu werden, trägt die Intuition die menschliche Selbst- u. Weltschau wie eine Welle. Die Intuition ist das unmittelbare (Selbst-)Erleben der Seele ebenso wie die Psyche unmittelbares (Selbst-)Erleben des Gehirns.

Während das Gehirn mitsamt all seinen Leistungen so wie der übrige Körper sterblich ist, trifft dies nicht auf „den Geist und seine Intuition" zu. Sich an seinen psychischen Aktivitäten vorbei (diese gleichsam sich selbst überlassend) an die Neutralität der Intuition zu halten, kommt somit der Überwindung seiner Sterblichkeit gleich. Wer auf diese Weise der Welt in seinem Inneren entsagt, indem er sie unbeeindruckt als eine Art kollektiven Wachtraum begreift, findet in der Intuition einen, von allen Leiden – ja sogar dem Tod – unerreichbaren „Rastplatz" im Zentrum des eigenen Ichs. Daher führt auch die konsequente Verfolgung der Frage *Wer bin ich?* ins singuläre Bewusstsein im Herzen aller Dinge.

Jede Absicht enthüllt als Ausdruck einer vorgenommenen Bewertung die Tätigkeit der Psyche als Leistung des Gehirns. Die Intuition kennt weder Absicht noch Bewertung, da alle Absichten und jede Bewertung in der Raumzeitlosigkeit des ewigen Jetzt der Singularität aufgehoben sind. Intuition, Seele, ewiger Augenblick, Gott, Photon, Singularität stehen für das Gleiche: die Fähigkeit des Menschen aus jenem Traum zu erwachen, den er fälschlicherweise für die Wirklichkeit hält. Dass die durch eine derartige intuitive Versenkung erzielbare Erfahrungen den Abläufen in der Nähe des Todes entsprechen, bestätigt dies.

Dem Wesen der Intuition entspricht eine Lebenseinstellung, die dazu einlädt, sich dem Geschehen, das sich in und um einen herum abspielt, wie einem Traum zu überlassen – einem Traum, in dem man erkannt hat, dass man träumt, einem Wachtraum. Nun kann man diese Erkenntnis dazu nutzen, den Traum nach seinem Willen zu beeinflussen. In gewissen (eher engen) Grenzen mag dies mit ein bisschen Übung tatsächlich gelingen (die vielfältigen Berichte von unerklärlichen Vorkommnissen und rätselhaften Leistungen außergewöhnlicher Menschen legen dies nahe), allerdings ist es gerade die willentliche Veränderungsabsicht, die einem im Traumgeschehen festhält. Wem das Wissen um die Traumqualität des Lebens und seiner Person hingegen dazu dient, lediglich seine Einstellung zu verändern und sich statt mit seiner Veränderungsabsicht noch ausschließlicher mit den Trauminhalten zu identifizieren, diese sich selbst zu überlassen bzw. sie loszulassen, wird (Selbst-)Distanz erringen. Diese Distanz ist unabhängig von der Qualität des Traums.

Zur Intuition des Augenblicks gelangt man, indem man die „Haupterzählstränge" seiner Lebensgeschichte verlässt bzw. diese sich selbst überlässt. Es sind die Handlungsverläufe seiner (privaten und beruflichen) Geschichten, die einen so in Beschlag nehmen, indem man meint, ununterbrochen mit seiner ganzen bewussten Aufmerksamkeit dabeibleiben zu müssen – aus der Befürchtung heraus, jede Unaufmerksamkeit würde zu einem unmittelbaren Scheitern seiner Absichten und Pläne führen, mit denen man irrtümlich sein Schicksal zu lenken glaubt. Zu realisieren, dass der „Autopilot im Kopf" nicht vom eingegebenen Kurs abweicht, selbst wenn man nicht die ganze Zeit den Steuerknüppel fest umschlungen mit der Nase an der Cockpitscheibe klebt, ist dazu wesentliche Voraussetzung. Abgesehen davon ist diese Erkenntnis der erste Schritt zu wirklicher Lebensqualität.

Schmerz bzw. Trauer über den Verlust einer geliebten Person bringen lediglich den Egoismus zum Ausdruck, der sich auf diese Weise rührt, indem er seine Missbilligung darüber zum Ausdruck bringt, dass einem der Verlorengegangene nun nicht mehr zur Verfügung steht und daher auch keine gemeinsamen Erlebnisse mehr möglich sind. Mit dem geliebten Menschen selbst bzw. seinem Verbleib haben derartige Missstimmungen jedenfalls nichts zu tun. Im Gegenteil, indem Leid den von Tränen getrübten Blick auf all das zu lenken sucht, was nun alles nie mehr stattfinden kann, verwandelt es das Bewusstsein in ein Mausoleum unwirklicher ... *was wäre wenn* ... Fantasien, die nur einen Effekt haben, nämlich die Qual zu steigern. Trauer ist die schlimmste und schmerzhafteste Form des Vergessens!

Das Schlimmste, das einem passieren kann, ist es, an die eigenen Bewertungen zu glauben. Das Gute ist nicht deshalb gut, weil es tatsächlich gut ist, sondern weil es einem zu einem bestimmten Zeitpunkt vor dem Hintergrund seiner aktuellen Befindlichkeit, seiner inneren wie äußeren (Selbst-)Organisation und unter Berücksichtigung all seiner vergangenen Lebensumstände so erscheint. Mögen die Argumente noch so überzeugend sein, warum eine bestimmte Sache positiv oder negativ zu beurteilen ist, hat dies doch nichts mit der Sache selbst zu tun und sagt auch nichts über sie aus. Eine Bewertung ist keine Beschreibung! Im Gegenteil: Bewerten und Beschreiben schließen sich gegenseitig aus. Es sind seine Werte, die einen blind machen für die Wirklichkeit, die sich jeder Bewertung entzieht. Wer etwas beschreibt, muss dies zuvor wahrgenommen haben. Wer etwas bewertet, hat zuvor die Grundlage seiner Bewertung in den zu bewertenden Sachverhalt hineinprojiziert. Während sich also der Beschreibende dem Gegenstand seiner Wahrnehmung zuwendet, gibt der Bewertende nur vor, wahrzunehmen. In Wahrheit behält er seine Aufmerksamkeit für sich, indem er bewertend wiedergibt, was er in sich diesbezüglich vorfindet. Die Projektionen seiner inneren Selbstorganisation, wie sie in seinen Werten zum Ausdruck kommen, verfremden seine Wahrnehmung. Wahrnehmung ist die Grundlage jeder Beschreibung, Projektion die einer jeden Bewertung.

Jeder Mensch ist grundsätzlich „zu allem" im Stande. Von den größten Übeltaten gegen sich und seinesgleichen bis zur völligen Selbstaufopferung im Dienste des Guten reicht das Verhaltensrepertoire jedes Einzelnen. Ob sich jemand am Guten oder Schlechten orientiert, hängt vorrangig davon ab, ob es ihm selbst gut oder schlecht geht: Wer Schlechtes tut, dem geht es zumeist auch schlecht. Daher lässt sich das Böse nie mit Bösem, Gewalt nie mit Gegengewalt, Unrecht nie mit Unrecht tilgen. Stets wird es neues Unglück bewirken. So könnte man auch dem internationalen Terrorismus sofort seine Grundlage entziehen, würde man endlich dafür sorgen, dass auch jenen, deren Geburt ihnen den Zugang zu noch so bescheidenem Wohlstand verwehrt, angemessene Perspektiven möglich werden. Der Krieg gegen den Terror ist eben doch nur ein Krieg und damit selbst Terror. Er kann nur zu weiteren Gewaltakten führen, indem er die Spirale der Gewalt antreibt. Wer dem Unrecht den Krieg erklärt, tut dies aus ganz anderen Gründen, die ausschließlich mit der Wahrung der eigenen Interessen zu tun haben, und all seine Argumente können nur Lügen sein! Nur wer selbst (wenigstens ansatzweise) glücklich ist, kann das Glück anderer ertragen.

Die größte und „wirksamste" Freiheit ist die Unabhängigkeit von der Meinung anderer. Wer sich in Erleben und Verhalten danach richtet, was andere davon halten, schränkt im selben Maß seine Lebensqualität ein. Der direkteste Weg zum Nervenarzt führt stets über die Meinung anderer. Wer sich aber unabhängig macht von den Stimmen all jener, die seinen Kopf wie Gespenster bevölkern, um ihren sinnlosen Kommentar zu allem abzugeben, was einen bewegt, ist wahrhaft frei. Zuerst sind es für gewöhnlich die Eltern, die im Wartezimmer des Gewissens ihres Kindes dauerhaft Platz nehmen und damit einer Entwicklung Vorschub leisten, die es in seinen inneren und äußeren Möglichkeiten mehr und mehr einengen, indem sie jenen (Selbst-)Bewertungsmechanismus in Gang setzen, der letztendlich zu innerer und äußerer Abspaltung wesentlicher (jedoch unerwünschter) Persönlichkeitsanteile führt. Später gesellen sich dann zu diesen ersten Bezugspersonen des Kleinkindes noch jede Menge anderer Erziehungs- und Lehrbeauftragte, Autoritätspersonen, Idole, Bekannte, Freunde etc., deren vorweggenommene Kommentare ein Selbst- und Weltbild auf ein „allgemein akzeptables" Maß zurechtstutzen. Diese mit der Bezeichnung Gewissen versehene Dynamik ist der Widerpart des Verstandes, dem sie sich als Zensur entgegenstellt. Dem Verstand den Vorzug zu geben, ist dementsprechend das beste Mittel gegen diese Einschränkung seiner persönlichen Freiheit. Während Vernunft das Kriterium des Verstandes bildet, bleibt das Kriterium des Gewissens die Konvention und damit der (soziale) Aberglaube.

Das Leben bringt einen ständig in Situationen, in denen die eigene Absicht mit der des Schicksals kollidiert. Dies ist ein Grundthema des Menschseins: Der Verlauf des Lebens eines Menschen deckt sich nicht mit seinen Vorstellungen. Obwohl dies auf die meisten Menschen die überwiegende Zeit zutrifft, hält sich der Mythos vom Menschen als Bezwinger seines Schicksals mit beeindruckender Hartnäckigkeit. So wird das Leben zum Duell, zum Kampf, den man nur verlieren kann. Wer aber dem Leben seinen Willen lässt und seine Absichten denen des Schicksals unterordnet, tut sich leichter. Er verzichtet darauf, den Konflikt zwischen „dem Wunschkonzert" in seinem Kopf und seiner tatsächlichen Lebensgeschichte auf seine eigenen Kosten auszutragen und verbündet sich dadurch mit dem Leben selbst.

Das Loslassen seiner Absicht, um sich dem auszusetzen, womit das Leben an einen herantritt, heißt den Appell des Augenblicks zu verstehen und führt zu Entspannung und bewirkt Zufriedenheit und somit Glück. Das Festhalten an seiner Absicht, um den dargebotenen Augenblick in Richtung eines vorgestellten, idealeren zu verändern, erhöht die Anspannung und bewirkt Unzufriedenheit und somit Unglück. Denn ebenso wie jedem Körper seine festgelegte Form, jeder Psyche ihre angeborenen bzw. angelernten Verhaltens- u. Erlebensweisen eigen sind, besitzt auch das Schicksal eines Menschen seinen bestimmten Verlauf.

Die Kunst des Loslassens gründet in der Erkenntnis, dass im singulären Bewusstsein des einen Photons alle Unterschiede aufgehoben sind und nur eine einzige Absicht existiert.

Selbst- und Weltbild als Entscheidungsgrundlage für Erleben und Verhalten beruhen auf unbewussten Prozessen, die vom Bewusstsein mit seinen Denk- und Erlebensinhalten lediglich nachgezeichnet werden. Wer, nach dem Grund für eine bestimmte Entscheidung gefragt, Auskunft gibt, tut dies mithilfe einer Rekonstruktion unbewusster Vorgänge durch sein Bewusstsein, dem der Zugriff auf sämtliche unbewussten Entscheidungsgrundlagen dauerhaft verwehrt ist. Warum jemand tut, was er tut, oder empfindet, wie er empfindet, ist ihm selbst nicht anders zugänglich als in Form einer bewussten Nachstellung eines unbewussten Sachverhalts (ein Schuss ins Dunkel, der treffen oder fehlgehen kann). Ob bzw. inwieweit es zutrifft, was man über die Gründe seiner eigenen Entscheidungen weiß oder zu wissen meint, bleibt letztendlich unentscheidbar. Sämtliche Bewusstseinsinhalte bilden die Nacherzählung eines unbekannten Originals, das erst beim Eintritt ins singuläre Bewusstsein (spätestens beim Sterben) in seiner Unbegrenztheit erfahrbar ist.

Etwas zu kontrollieren bedeutet, es mit einem bestimmten Vorsatz, einer Absicht zu beobachten, wobei diese Intention auf einen Vergleich abzielt: zwischen einem beobachtbaren Ist-Zustand und einem erwünschten Soll-Zustand. Dem liegt die irrige Auffassung zu Grunde, ein beliebiger Ist-Zustand wäre überhaupt wahrnehmbar. Da alles Wahrgenommene jedoch selbst das Ergebnis einer (unbewussten) Interpretation (psychophysische Signalverarbeitung bzw. -auswertung) und damit Ergebnis komplexer (intrapsychischer) Vergleichsprozesse ist, steckt die Vorstellung vom Ergebnis der Kontrolle als unbewusste Wahrnehmungsausrichtung im Akt der Beobachtung. Man sieht, was das Hirn zu sehen erwartet. Die Alternativen, die dadurch unterstellt werden, als dass sie hinsichtlich ihres Auftretens kontrolliert werden sollen, definieren den „Ereignishorizont" jener Wirklichkeit, die gerade dadurch erst geschaffen wird. Der Verstand macht sich seine Gedanken über die Welt, die er in der Folge beobachtet, um die Richtigkeit seiner Grundannahmen sicherzustellen.

Menschen, die unter einer Angststörung leiden, wissen oft aus eigener leidvoller Erfahrung, wie negativ sich Kontrolle auf jemanden auswirken kann, der dadurch Sicherheiten zu schaffen meint. Je mehr der Ängstliche seinem Angstimpuls nach Kontrolle nachgibt, umso stärker wird die Angst und desto drastischer die Einschränkungen seines Lebens. Kontrolle ist eine Illusion! Komplexe Sachverhalte lassen sich nicht kontrollieren und einfache Sachverhalte gibt es nicht. Kontrolle wäre ausschließlich dann möglich, wenn es gelänge, den zu kontrollierenden Bereich von allen unkontrollierbaren Einflüssen abzuschotten. Dem widerspricht aber die Natur, sodass alle Kontrollergebnisse entweder falsch oder aufgrund der Künstlichkeit der Kontrollbedingungen bedeutungslos sind. Gerade weil Kontrolle daher niemals zu einem befriedigenden Ergebnis führen kann, steigert sich das entsprechende Bedürfnis rasch zu einem regelrechten Kontrollzwang. Ein davon Betroffener befindet sich in der wenig erfreulichen Lage, ebendas zu verlieren, was er zu erreichen strebt: seine Sicherheit.

Da Kontrolle mit dem Verstand ausgeübt wird, dieser aber nicht an die Wirklichkeit heranreicht und daher seine eigenen (Denk-)Wirklichkeiten definiert, erreicht auch keine Kontrolle die Wirklichkeit des zu kontrollierenden Sachverhalts und erschafft stattdessen die Wirklichkeit eines kontrollierten Sachverhalts als kreative Leistung des Hirns. Je mehr Kontrolle jemand (vermeintlich) ausübt, umso mehr igelt er sich in seinen Denkinhalten ein. Bis er schließlich jeden Außenkontakt verloren und er es nur umso mehr mit sich selbst als der Quelle aller Ängste und Missstimmungen zu tun hat.

Da es unsinnig ist, sich über Unabänderlichkeiten den Kopf zu zerbrechen, bleibt Zweckoptimismus die einzig sinnvolle Lebenseinstellung. Tatsächlich ist es nur logisch, das Beste aus einer Situation zu machen, auf die man keinen Einfluss hat. So sollte man sich im Falle der Konfrontation mit einem negativ zu bewertenden Sachverhalt zuerst fragen, ob man ihn mit einem zumutbaren Energieaufwand zum Guten verändern kann. Fällt die Antwort positiv aus, sollte man sich daran machen, die angestrebte Veränderung einzuleiten. Im gegenteiligen Fall sollte man sich daran machen, alle verfügbaren Möglichkeiten zu nutzen, um – an allen Widrigkeiten vorbei – das Beste daraus zu machen. Aber bedeutet dies nicht, die eigenen Gefühle zu ignorieren bzw. negative emotionale Reaktionen und Gedanken zu verdrängen? Ist so etwas überhaupt möglich? Die Antwort ist JA – und zwar durch regelmäßiges Üben in konkreten Situationen. Zu glauben, es wäre der (psychischen) Gesundheit förderlich, negative Gefühle bzw. Stimmungen möglichst zuzulassen und auszuleben, um sie dadurch besser zu verarbeiten, ist ein fataler Irrtum. Denn durch die Fixierung der Aufmerksamkeit auf negative Bewusstseinsinhalte werden diese verstärkt und es kommt zu einer entsprechenden Grundhaltung, aus der wiederum entsprechende Betrachtungsweisen sowie Erwartungshaltungen folgen, was zu einer sich negativ selbst verstärkenden Dynamik führt, an deren Ende ein Überhandnehmen negativer und ein Abnehmen positiver Erlebensinhalte steht.

Was (k)einen Anfang hat, hat auch (k)ein Ende. Wer den Anfang sucht, findet das Ende.

Das Bild, das einer von sich selbst hat, beeinflusst direkt die Art und Weise, wie andere ihn wahrnehmen. Wer von sich nicht überzeugt ist, wird auch andere nicht von sich zu überzeugen vermögen. Wer – meistens vor dem Hintergrund einer empfundenen Minderwertigkeit – sich für andere aufopfert, wird selbst meist zu kurz kommen und gerade von denen, die von ihm am meisten profitieren, nicht wertgeschätzt, sondern ausgenützt werden. Wer (insgeheim) davon ausgeht, nicht liebenswert zu sein, wird nicht geliebt werden und sein Leben entweder allein verbringen oder es mit einer für ihn sehr nachteiligen „Partnerschaft" vertun. Wer mit der Art und Weise, wie andere mit ihm umgehen, nicht einverstanden ist, muss zuerst den Umgang mit sich selbst ändern.

Wer sich selbst liebt, wird auch von anderen geliebt.

Wer seine Beziehung zu sich selbst verbessern will, gewöhne sich daran, alles Gute, das er mit sich in Zusammenhang bringen kann, auch entsprechend zum Ausdruck zu bringen. Anstatt bei jeder Gelegenheit über was auch immer zu klagen – nur weil es für viele grundsätzlich verdächtig ist, nicht zu jammern –, wird er jede Möglichkeit nutzen, etwas Erfreuliches über seine Lebensumstände, sein Befinden oder seine Leistungen mit Begeisterung zum Besten zu geben. Wer sich gegen die Konvention stellt und andere an der Freude, die er mit und über sich empfindet, teilhaben lässt, wird zwar zuerst auf Skepsis, möglicherweise auch auf Ablehnung stoßen, dafür aber bald merken, wie gut es ihm in jeder Hinsicht tut. Sein Selbstbezug (und damit sein Verhältnis zu anderen) wird dadurch lockerer und unbefangener. Um sein Leben mit positiven Erfahrungen anzureichern, muss man sich öffentlich zu diesen bekennen, denn Positives will nicht verheimlicht werden.

Missgünstige arbeiten in Wahrheit für jene, denen ihre Missgunst gilt. Immerhin verbringen sie viel Zeit damit, sich vorzustellen, wie gut es jenen geht, denen sie nicht gönnen, was sie in ihrem Neid am liebsten für sich selbst hätten und man darf nie die Macht der Vorstellung unterschätzen!

Wie geht es? ist eine Frage, die man nur aus dem Augenblick heraus – und falls möglich nicht mit einem halbherzigen *Es geht schon!*, sondern mit einem enthusiastischen von der Richtigkeit seiner Worte überzeugten *Ausgezeichnet, es könnte nicht besser gehen!* (auch und besonders wenn man sich gar nicht so fühlt, um sich über die Wirkung zu wundern) – beantworten sollte.

IV
ICH habe vs. ICH bin: Konsequenzen

Wahr oder Falsch, gut oder schlecht sind als Bewertungskriterien ebenso willkürlich wie unnatürlich, da die Natur derartige Gegensätze nicht kennt und sie in der Singularität ohnedies aufgehoben sind. Für die menschliche Kommunikation bedeutet dies, dass sie in weit bescheidenerem Umfang stattfindet, als man es für möglich halten möchte. Meist findet sie trotz gegenteiliger Überzeugung überhaupt nicht statt – wenigstens nicht im Sinne eines erkenntnisgewinnenden bzw. -vermittelnden Prozesses. Indem man vorgibt, sich über bestimmte Inhalte zu verständigen – oder auch nicht –, geht es einem in Wahrheit doch wesentlich darum, beim Gegenüber eine bestimmte Wirkung zu erzielen. Wer sich dieses Umstandes bewusst ist, hält den Schlüssel für erfolgreiche Kommunikation in Händen. Kommunikation ist ein Trojanisches Pferd. Das WIE bestimmt den Ausgang einer Kommunikation und nicht das WAS. Mit jedem beliebigen Inhalt lässt sich grundsätzlich jede beliebige Reaktion hervorrufen. Es ist eben doch „der Ton, der die Musik macht".

Man sollte sich bereits vor jeder Kommunikation darüber im Klaren sein, was für eine Wirkung man damit zu erzielen beabsichtigt, sonst verselbstständigt sich dieser Effekt und die Wirkung wird ausschließlich von unbewussten Strebungen bzw. Impulsen festgelegt. Da der Mensch aber dazu neigt, durch ungefilterte Äußerungen seines eigenen Unbewussten leicht Probleme zu bekommen, sollte man es sich gut überlegen, ob man diese Festlegung wirklich seinem Unbewussten überlassen will.

Die Grammatik der Sprache und des Denkens bildet die Voraussetzung für Selbst- u. Weltbild eines Menschen. Erst die Sprache gewährleistet jene Trennung zwischen Subjekt und Objekt, auf deren Grundlage Erkenntnisgewinn überhaupt möglich wird, da sie die Trennung von Erkennendem und Erkanntem einführt. *Am Anfang war das Wort* ... trifft den Nagel auf den Kopf, solange damit der Anfang des Menschen und seiner Welt gemeint ist. So unterstützt Sprache zuerst die Aufrechterhaltung und Vermittlung individueller und kollektiver Weltbilder. Zu meinen, Sprache diene hauptsächlich der Kommunikation, ist naiv. Selten findet weniger Kommunikation statt, als wenn Menschen miteinander reden. Missverständnisse und Aneinandervorbeireden (nur um eigene Standpunkte zu vertreten) sind nicht die Ausnahme, sondern die Regel. Wer den anderen verstehen will, sollte auf die Sprache besser verzichten, denn nichts ist trügerischer. Wer redet, hört nicht zu und wenn er nicht redet, beschäftigt er sich gedanklich bereits mit dem, was er als Nächstes sagen wird.

Spricht man miteinander, tut man dies zumeist ohne vorher sichergestellt zu haben, dass man sich auch über dieselbe Sache unterhält. Nur weil man dieselben Begriffe verwendet, bedeutet dies nicht, dass auch das dasselbe damit gemeint ist. Das Paradoxon, dass zwar jeder in seiner persönlichen Welt lebt, gleichzeitig aber auch mit allen anderen eine kollektive Weltsicht teilt, ist nur ein scheinbares, da die Sprache dafür sorgt, dass individuelle Unterschiede verwischt werden: In Wahrheit „stecken alle in der Welt" wie in einer Einzelzelle. Erst die gemeinsame Sprache täuscht darüber hinweg, indem sie auf individuelle Erlebensweisen keine Rücksicht nimmt und dadurch eine soziale Wirklichkeit als (sprachliche) Scheinwelt entstehen lässt. In ihr ist man so sehr mit den Beziehungen zwischen den in Begriffe gebannten Sachverhalten beschäftigt, dass man nur allzu leicht übersieht, dass es die individuellen Erlebensweisen sind, die das Wesen aller Inhalte und somit die jeweilige Welt- bzw. Selbstsicht definieren. Dass jeder nicht Farbenblinde bei entsprechender Aufforderung, Rot zu zeigen, auf dieselbe Farbe weist, sagt nichts über die Qualität der damit verbundenen Wahrnehmung aus. Je kunstvoller die Sprache versucht vorzutäuschen, statt leerer Inhalte auch Bedeutungen zu vermitteln, umso größer die Fehlleistung. Dass man sich beim Widerspruch zwischen dem, was einer sagt, und dem Eindruck, den man intuitiv (z.B. „körpersprachlich") von ihm gewinnt, eher auf die Intuition verlässt und der Sprache misstraut, ist nur folgerichtig.

Argumentieren und erklären kann man jede Sache ebenso gut wie ihr Gegenteil – das ist keine Frage der Wahrheit, sondern des Verstandes.

Lebensqualität wird nicht daran gemessen, was man sich alles leisten, sondern daran, worauf man alles verzichten kann. Während das Streben nach Besitz (in jeder Form) als HABEN das zentrale Element des alten leistungsbezogenen Paradigmas war, konstituiert sich ein neues in der Beschränkung auf das Wesentliche, auf das Erleben als SEIN. Auf HABEN folgt SEIN! Karriere markiert nicht länger den Weg zu mehr Einfluss und Geld und damit zu mehr Konsum, sondern zu tieferem Empfinden, Freude und damit zu mehr Genügsamkeit. Genug ist längst genug! Anstelle der Kaufkraft findet sich nun die Gelassenheit der (Selbst-)Zufriedenheit im Mittelpunkt eines gelungenen Lebens. Dahinter steht die Erkenntnis, dass es die dauernde Unzufriedenheit ist, die als Motor das Streben nach mehr (wovon auch immer) antreibt, wodurch Zufriedenheit mit sich und seinem Leben niemals erreichbar ist.

War es die Frage nach allem, was man einmal haben möchte, die vergangene Generationen bei ihrer Lebens- und Karriereplanung leitete, wird diese für und für von der Frage nach allem, worauf man verzichten kann, zu ersetzen sein, will man nicht auch eines Tages zu jenen gehören, die viel zu spät merken, dass sie in ihrem Wettlauf, nach allem, wofür es sich scheinbar zu leben lohnt, ebendas Leben verfehlt haben, das sie einst zu führen hofften.

Die Welt ist wie ein Supermarkt, in dem alles angeboten wird, das Leben ein Einkauf. Doch anstatt in einen Kaufrausch zu verfallen und alles mitzunehmen, was man erreicht, nur um an der Kassa zu merken, dass das Geld nicht reicht, ist es besser, sich vorher zu überlegen, was man wirklich benötigt und alles andere in den Regalen zu lassen. Nicht jede Gelegenheit, die sich einem bietet, muss ergriffen werden. Nicht alles, was man erreichen kann, ist wert erreicht zu werden. Man muss nicht überall gewesen sein, nur weil es möglich ist, hinzugelangen. Statt unreflektiert nach allem zu greifen, was man bei anderen sieht, frage man sich, ob bzw. wozu man das selbst überhaupt braucht. Oft ist es gescheiter zu verzichten und besser zu nutzen, worüber man bereits verfügt.

Wem es existenziell schlecht geht, der kann keine Schulden bei jemanden haben, dem es besser geht, da dies bereits umgekehrt der Fall ist.

Da jeder Mensch unabhängig von seinem aktuellen Lebenszusammenhang gerade so, wie er ist, „gewollt" ist, hat man ihm mit Respekt zu begegnen. Ob es sich um einen Obdachlosen auf dem letzten Abschnitt eines wenig beneidenswerten Lebensweges oder um ein in jeder Hinsicht höchst erfolgreiches und daher angesehenes Mitglied seiner Gesellschaft handelt, es gibt immer einen guten Grund – der die jeweilige Lebensaufgabe bildet –, warum sich der eine in einer solchen und der andere in einer so unterschiedlichen Lage befindet. Die Vorstellung, jeder könnte unter gleichen Voraussetzungen Ähnliches leisten bzw. ähnlich erfolgreich sein, ist falsch und entspringt einer allzu menschlichen Tendenz, alles zu verdrängen, womit man sich zur eigenen Bequemlichkeit bzw. zur Wahrung seiner Gemütsruhe besser nicht auseinandersetzt.

Jeder hält sich aus einem bestimmten, ihm selbst unbekannten Grund zur Erfüllung einer bestimmten Mission hier auf. Es ist notwendig, dass sich jeder dort befindet, wo er sich eben aufhält, um seine Rolle so zu spielen, wie er sie eben spielt.

Der Verlust langfristiger Lebensperspektiven bietet die ideale Möglichkeit, sich mehr seiner aktuellen Lebenssituation zuzuwenden.

Zu wissen, was man will, ist der Anfang aller Sorgen und Nöte, zu erkennen, was das Leben (vertreten durch den aktuellen Lebenszusammenhang) von einem verlangt, der Beginn ihrer Überwindung.

Alles wird immer schneller, jeder immer perfekter. Immer mehr Energie wird verbraucht, um immer höhere Ziele zu erreichen: Wachstum um des Wachstums willen, Beschleunigung um der Beschleunigung willen, Perfektion um der Perfektion willen. Menschen neigen dazu, sich in einer Art und Weise selbst zu organisieren, die sich rasch verselbstständigt, indem sich selbst verstärkende Dynamiken erzeugt werden, die schließlich jene verschlingen, deren Leben sie ursprünglich hätten erleichtern sollen. Sich selbst erhaltende Systeme binden die Freiheit mit den Fesseln einer Verwaltung, die reiner, unmenschlicher Selbstzweck geworden ist, der alle ursprünglich noch so guten Absichten längst aus den Augen verloren hat. Auf diese Weise werden die Herren zu Dienern und die Diener zu Herren. Jeder Verwaltungsapparat legt davon beredt Zeugnis ab und kein Schimmel wiehert lauter als der Amtsschimmel. Menschen werden zunehmend zu Gespenstern, zu „Gefangenen in ihren eigenen Luftschlössern", in denen sie an den Ketten ihrer kleinlichen Ängste und Sorgen spuken und sich nach jenem Leben sehnen, das sie selbst ausgesperrt haben. Gefährlicher als sämtliche Waffen aller Anarchisten bleibt die stets neu zu stellende Frage: WOZU IST DAS ÜBERHAUPT NÖTIG?, die stets in Richtung des nächsten Notausgangs zum Leben weist.

Man kennt sich bedeutet, man legt sich auf ein bestimmtes Rollenbild fest. Es heißt nicht, dass man nicht auch anders könnte. Weil es ihn ängstigt, verwandelt der Mensch das Unbekannte ins Bekannte. Weil ihn das Bekannte langweilt, sucht er das Unbekannte. Mit dieser Suche sollte jeder an sich selbst beginnen.

Verzicht ist der Luxus des 21. Jahrhunderts. Wer sein Leben liebt, misst seinen Reichtum am Besitz, auf den er sich leisten kann zu verzichten. Wohlstand hat, wer es genießt zu versäumen. Die größten Genüsse sind nicht teuer.

V
ICH suche:
Religion

Das Wohl keiner noch so großen Anzahl von Menschen rechtfertigt das Leiden auch nur eines einzigen.

Religionen haben der Menschheit insgesamt mehr Schaden als Nutzen gebracht. Obwohl von ihren Gründern meist anders gedacht, wurde Religion von einer persönlichen Glaubensangelegenheit rasch zum Unterscheidungsmerkmal, das die Diener des wahren Glaubens von den Anhängern eines Irrglaubens unterscheidet. Auf diese Weise wurde eine grundsätzlich gute Idee pervertiert. Als es die Religionen tatsächlich gebraucht hätte, haben sich die Menschen als dafür nicht reif genug erwiesen und statt die Grundlagen einer theokratischen Weltordnung als soziales Korrektiv einzusetzen, fand man kaum je etwas Besseres zu tun, als aus seinen religiösen Vorstellungen und Verpflichtungen die Legitimation für alle Arten von Unmenschlichkeit, Massakern, Kriegen und Völkermord abzuleiten. Nun ist die Zeit der Religionen vorbei und man nimmt mehr und mehr Anstoß an ihren offenkundigen Widersprüchen und ihren mit dem Anspruch logischen Denkens nicht in Einklang zu bringenden Dogmen.

„Gott sei Dank" braucht es nun keine Religionen mehr und es sind bessere Mittel verfügbar, Entscheidungskriterien für richtiges Verhalten abzuleiten bzw. um Antworten auf wichtige Fragen zu finden, die wesentlich tiefer ins Herz der (menschlichen) Natur vorzudringen vermögen, als es einer Religion mit ihren spekulativen Mitteln je möglich wäre. In absehbarer Zeit werden auch die letzten von jenen ausgestorben sein, die wider die Vernunft an allem festhalten, solange es nur alt genug ist. Die großen Weltreligionen, die auf hohe Mitgliederzahlen angewiesen sind, werden als Folge in sich zusammenbrechen. Wer heute noch im peinlichen Schauspiel seniler Kirchenfürsten göttliches Wirken zu erkennen meint, ist ein Auslaufmodell in Anbetracht jener, deren Verstand nicht so leicht in die Irre zu führen ist – welch eine Ironie, würde nicht die Dummheit angesichts konkreter Widersprüche schnell zu Fanatismus. Ein Verzicht auf Wissen zu Gunsten des Glaubens war denn auch schon immer die beste Waffe jener „Führer", die im Religiösen wie im Politischen zur Absicherung und Weitung ihrer eigenen Befugnisse auf die Unwissenheit ihrer Schäfchen angewiesen sind.

Seine Unwissenheit zum Anlass für weiteres Suchen und Forschen zu machen, ist naturgemäß das wirksamste Mittel gegen das Virus der Religion, der am leichtesten jene befällt, die aufgrund ihres erhöhten Angstpegels in besonderem Maß auf Sicherheiten angewiesen zu sein meinen – umso mehr als es in dieser Welt keine Sicherheit gibt. Religion hat die Menschen insgesamt nicht besser, sondern schlechter gemacht. Zu diesem Urteil gelangt man von selbst, wenn man unter allem Bisherigen einen Strich zieht und die Opferzahlen summiert, die bisher auf das Konto der Religionen gehen. Anstatt die Religion zur Stärkung des Gemeinsamen zu nutzen, wurde sie aus kleinlichen Befürchtungen und unbegründbaren Ängsten zur Ziehung immer neuer Grenzen missbraucht. Worin besteht der konkrete Nutzen der Religion und wäre dieser Nutzen nicht auf andere, rationalere Weise leichter (und überzeugender) zu erzielen? Vor allem aber: Ist dieser Nutzen den hohen Blutzoll wert, den er bereits gekostet hat und nach wie vor kostet? Wer keinen unbeweisbaren Behauptungen bzw. keinen Androhungen göttlicher Interventionen Glauben schenkt und in der Auseinandersetzung mit solchen bzw. ähnlichen Fragen auf seinen Verstand zurückgreift, wird dem religiösen Blendwerk nichts mehr abgewinnen können. Er wird erkennen, dass der hauptsächliche Effekt religiöser Praktiken vorrangig darin besteht, Gläubige gegeneinander aufzubringen, Missgunst zu schaffen und immer neue Probleme hervorzubringen.

Der Volksmund, Geistes- u. Naturwissenschaft und sogar die Religionen stimmen schon immer darin überein: Wer sich in einer bestimmten Situation so verhält, dass sein Verhalten für niemanden Folgen haben kann, die er für sich selbst nicht akzeptieren könnte, handelt richtig. *Was du nicht willst, dass man dir tut, das füge auch keinem andern zu!* oder positiv formuliert *Was du willst, dass man dir tut, das füge zuerst anderen zu!* bildet ebenso wie *Wie man in den Wald hineinruft, so tönt es aus ihm zurück!* das Fundament einer Ethik des Verstandes, das keiner weiteren religiösen Verschleierung bedarf.

Religionen, Sekten und religionsähnliche Gemeinschaften sind deshalb so gefährlich, weil sie diesem ethischen Grundprinzip eine Einschränkung auferlegen, indem sie dessen Gültigkeit auf die je eigenen Glaubensbrüder und -schwestern reduzieren. Da aber der Verzicht ebendieser Einschränkung notwendig wäre, um den wesentlichen Fehler der Religionen zu korrigieren und das „ewige Blutbad" zu beenden, dies jedoch einem Aufheben der jeweiligen Religion selbst gleichkäme, ist eine substanzielle Verbesserung nicht in Sicht. Denn von wenigen Ausnahmen abgesehen würde konsequente Toleranz zur Selbstauflösung einer Religionsgemeinschaft führen, weshalb sie auch zur Wahrung des Scheines oft deklariert, aber kaum umgesetzt wird.

Aus der verzerrten Perspektive des schlechten Gewissens nimmt die Überwindung des Aberglaubens die Gestalt des Sündenfalls an, dessen Konsequenzen zum Auszug aus dem Paradies verklärt werden: Der Drang nach Wissen als Verführung des zur Schlange erklärten Verstandes, der die Aufmerksamkeit auf seine Welten zu bannen sucht. Treffender als durch das Symbol der in sich selbst verbissenen Urschlange könnte man die Entstehung des Alls aus dem Einen, das Auftauchen der Welt in der Berührung von Ewigkeit und Augenblick nicht darstellen. So erhebt sich der „Teufel" als Herr der Welt und des Wissens als am meisten abschreckende Maske des Verstandes. So zeichnet er, der Meister der Täuschung und Fabulierkunst, dafür verantwortlich, seine Darbietungen in den Köpfen der Menschen abwechslungsreich genug zu gestalten. Entkleidet man den Mythos seiner moralischen Dimension, beschreibt er recht gut das Spiel der allumfassenden Singularität mit den eigenen Inhalten als Konzentration eines grenzenlosen Bewusstseins auf einen Punkt, einen Augenblick, einen einzelnen Menschen – ähnlich den Spektralfarben, die sich trotz ihres farbigen Eigenlebens zum weißen Licht ergänzen.

Ein Kainsmal trägt auf seiner Stirn, wer konsequent den Weg des Verstandes, des „Teufels" beschreitet. Solche hat es zu jeder Zeit gegeben und zu jeder Zeit sind sie als solche aufgefallen (und verfolgt worden). Indem sie konsequent an den Ergebnissen ihres Verstandes festhalten, wecken sie das Misstrauen jener, deren Aberglaube sie jede Veränderung fürchten lässt und die naturgemäß in der Überzahl sind. Dabei ist dieses Misstrauen vollkommen unbegründet, denn wer dem Weg der in sich verbissenen Schlange folgt – egal in welche Richtung – gelangt schließlich ans selbe Ziel, das gleichzeitig sein Ausgangspunkt war. Das Prinzip des „Teufels" beschreibt den Verlust der Intuition durch die Überlagerungen des Denkens als den scheinbaren Zusammenbruch des unbegrenzten, wertfreien Bewusstseins mit dem Beginn des Bewertens. Somit zeichnet die Scham, aus der heraus das mythische Menschenpaar Adam und Eva ihr Geschlecht bedecken, diesen Übergang vom Unbegrenzten zum Begrenzten, vom Göttlichen zum Menschlichen geradezu perfekt nach – als erstes Ergebnis der mithilfe des Verstandes vorgenommenen Selbstbewertung.

Das Werkzeug des „Teufels", des Lichtträgers oder Prometheus, als Bild des Verstandes ist das logische Denken (die Kausalität), sein Ziel das absolute Verstehen, die Lösung des Welträtsels. Das Werkzeug Gottes (der Singularität des einen Photons) ist die Intuition, sein Ziel die Überwindung des Welträtsels. Dabei ist die Vorstellung von einem göttlichen und einem teuflischen Prinzip als Gegenpole falsch, da das eine dem anderen übergeordnet ist. Der „Teufel" bildet das Selbstgespräch Gottes. Die Schöpfung als göttliches Spiel wird erst dadurch möglich, dass es ihn gibt, den Baumeister der Traumwelten. Denn vor dem Hintergrund der einzigen unbeschränkten Wirklichkeit der Singularität des einen Photons bleiben alle Welten nichts weiter als begrenzte Träume, in denen es erst zu einer Trennung von Subjekt und Objekt kommt.

So findet sich ein wahrer Kern im Märchen von jener mysteriösen Erbsünde, der jeder Mensch von Geburt an verfallen ist – sobald er denkt und damit bewertet. Dadurch entsteht der Mensch ja überhaupt erst als raumzeitlich begrenztes Individuum:

Das Versprechen der Schlange, so zu werden wie Gott, ist das Versprechen des Verstandes, wobei sich hier eine besonders teuflische Eigenschaft der Schlange offenbart, nämlich dadurch zu lügen, dass sie Teile der Wahrheit für sich behält bzw. nur einen Teil der Wahrheit enthüllt. Es ist zwar richtig, dass der Weg der Schlange / des Verstandes in letzter Konsequenz ans Ziel führt, dass dieses Ziel jedoch der Ausgangspunkt ist und man sich so den ganzen Weg auch sparen könnte, fügt die Schlange nicht hinzu. Die Aufgabe des „Teufels" besteht zuerst darin, das unbegrenzte Bewusstsein der Singularität, das keine (Wert-)Unterschiede kennt, mithilfe des Denkens dazu zu bringen, von einer Welt zu träumen, in der diese Einheit aufgehoben ist und alles für sich allein existiert. Indem er diese Illusion vom Individuum schafft, steht er für alles Trennende, unterschiedlich zu bewertende und daraus resultierend: für alle Konflikte.

Jeder Konflikt beruht auf einer unterschiedlichen Bewertung. Da der Mensch erst durch diesen „teuflischen Akt des Bewertens" entsteht, irrt die Bibel, wenn sie davon ausgeht, der Sündenfall hätte nach der Namensgebung aller anderen Geschöpfe durch den Menschen stattgefunden. Richtig ist vielmehr, dass Namen im Sinne individueller Bezeichnungen für unterscheidbare Entitäten erst nach dem Auszug aus dem Paradies (dem nur scheinbaren Verlust des singulären Bewusstseins durch das Denken) möglich werden, da innerhalb der Singularität sämtliche, einer Namensgebung zu Grunde liegende Unterscheidbarkeit aufgehoben ist. Insofern ist es nur folgerichtig, dass der Mensch und nicht Gott, der ja selbst diese Singularität bildet, diese Namensgebung vornimmt. Ebenso falsch ist es, den „Teufel" selbst negativ zu bewerten, da seine Werke aufgrund ihrer raumzeitlichen Begrenztheit lediglich illusionären Charakter haben. Den Menschen dazu zu bringen, diesen zu verkennen und dadurch gleichsam „seinen (Verstandes-)Träumen" den Vorzug vor der Wirklichkeit zu geben, begründet den Ruf des „Teufels" als Täuscher und Blender.

Anstatt sich vorschnell abergläubischen Bewertungen anzuschließen, sollte man denken, dass die Betrachtungsweise des Bösen als unterscheidbarer Gegenspieler des Guten widersprüchlich genug ist, um als völlig unangemessen erkannt zu werden. Doch statt im Unlogischen das Unwahrscheinliche zu erkennen, versucht man mit absurden theologischen Spekulationen den Widerspruch zu beseitigen, indem man das Ungerade gerade sein lässt. Dabei liegt des Rätsels Lösung auf der Hand: Der bzw. das Böse ist nichts anderes als eine fragmentarische Betrachtungsweise des Guten, aus dem es durch Abspaltung und Bewertung entsteht. Auch dieser Umstand findet in Todesnähe seine beeindruckende Bestätigung. So berichten Wiederbelebte nach einer tiefen Todesnähe-Erfahrung, dass im Licht des singulären Bewusstseins alle Bewertungen aufgehoben seien, keine Grenzen mehr existierten und auch alles menschliche Leid sowie alles Böse seinen traumartigen Charakter offenbare und in Wahrheit Teil eines perfekten Ganzen sei. *Es lässt sich kaum in Worten beschreiben, aber in diesem Licht erkennt man, dass alles gerade so, wie es ist, seine absolute Richtigkeit hat und sich in vollkommener Harmonie befindet* oder *Wenn es einem angesichts aller menschlichen Unbilden oft anders vorkommt, dann nur weil man einer Täuschung aufsitzt, die gemeinsam mit dem sie verursachenden Verstand verschwindet* sind ebenso häufige wie rätselhafte Behauptungen, mit denen Todesnähe-Forscher weltweit regelmäßig konfrontiert werden.

Auch die oft gestellte Verzweiflungsfrage *Wie kann Gott nur etwas so Schreckliches zulassen?* erfährt damit eine ebenso überraschende wie logische Klärung: Für Gott existiert keine Bewertung, bildet er doch selbst das unbegrenzte Wesen aller Dinge.

Da Bewertungen unmöglich von Gott (nonduales Prinzip) stammen können, dürfen sie ihm auch nicht zugeordnet werden. Alle Versuche sämtlicher Religionen, aus ihren jeweiligen Gottesbildern moralische Bewertungskriterien abzuleiten, sind so ungerechtfertigt wie falsch, da sie sich letztlich doch wieder auf die Vorgaben des Verstandes und damit des „Teufels" (dualistisches Prinzip) beziehen. Die zynische Behauptung, Kirchen seien die Versammlungsstätten der Teufelsanbeter, ist nach diesem Verständnis gar nicht so falsch – allerdings nur dann, wenn man die darin enthaltende negative Bewertung fallen lässt. Der Papst als Vertreter des „Teufels" auf Erden?! Warum nicht? Wenn man verstanden hat, dass der „Teufel" lediglich ein Teilaspekt Gottes ist, bleibt nichts dagegen einzuwenden.

Die Welt ist das Spiegelkabinett des Verstandes. Es heißt, Spiegel seien die Türen des „Teufels". Anstatt in seinen Spiegelwelten verloren zu gehen, besteht die wesentliche Lebensaufgabe des Menschen darin, sich daraus zu befreien. Dies ist ein Grund, warum Menschen nach einer Todesnähe-Erfahrung mit dem unfreiwilligen Wiedereintritt in ihren Körper (und in ihr Leben) im Allgemeinen recht unzufrieden sind: Da sie im Licht des singulären Bewusstseins in der ungeteilten Wirklichkeit „jenseits der Spiegel", also am Ziel angekommen sind. Dass der Impuls zur Rückkehr zumeist vom Licht selbst kommt (in der Regel mit der Begründung, die jeweilige Lebensaufgabe sei noch nicht ganz zu Ende geführt), verdeutlicht diesen Sachverhalt des Aufgabencharakters des Lebens. Der Mensch befindet sich nicht zum Vergnügen in einem Körper aus Fleisch und Blut und schon gar nicht, um sich in jeder Hinsicht (körperlich wie geistig) „satt zu fressen", um am Ende wie nach einem überreichlichen Gelage friedlich zu entschlummern. Da aber die Auseinandersetzung mit welchen Inhalten auch immer nur umso tiefer in die Spiegel des Bewusstseins bzw. des Verstandes führt, findet sich der Ausweg in der „Intuition des Augenblicks".

Die Aufforderung, sich die Erde untertan zu machen, stammt nie und nimmer von Gott (als Synonym für singuläres Bewusstseins), sondern allemal vom „Teufel" (als Synonym für den Verstand), in dessen Spiegeln das Eine zum Vielen und dieses entsprechend seinem kausalen Wirkprinzip (willkürlich) in Ursachen und Wirkungen zerlegt wird. Zu glauben, es existiere losgelöst von einem selbst etwas, das man sich untertan machen könne, ist ja eben die Illusion, deren Überwindung, die Rückkehr ins Paradies, die Befreiung von jeder (eingebildeten) Erbschuld bzw. die Wiedererlangung seines singulären Bewusstseins bedeutet.

Jeder Einzelne ist in seinem DASEIN wie in seinem SOSEIN gewollt, wobei dieser Wille einer höheren Absicht der Singularität entspringt und somit allen individuellen Absichten, Wünschen bzw. Bedürfnissen überzuordnen ist. Im Konfliktfall (das Schicksal will nicht so wie man selbst) hat man sich dessen bewusst zu sein: Gerade so, wie man ist, wie man denkt und empfindet, befindet man sich in jedem Augenblick in Einklang mit dem Fluss des Lebens, der stets der Absicht der Singularität folgt. Alles, was ist, ist gerade so, wie es ist, Teil eines perfekten Ganzen. Anstatt sich also auf die Sisyphusarbeit einzulassen, den Verlauf seines Schicksals so zu verändern, dass es zu den eigenen Vorstellungen passt, ist es zielführender, die eigenen Vorstellungen dem Verlauf seines Schicksals anzupassen. Ist dies erreicht, herrscht Harmonie und höchst mögliche Lebensqualität.

VI
ICH sterbe:
das Licht

Der Wiedereintritt in die Singularität als Erkennen der eigenen Lichtnatur wird unmittelbar erfahrbare Wirklichkeit im Tod. Die Berichte jener, die nach erfolgter Wiederbelebung über beeindruckend einheitliche Erinnerungen verfügen, untermauern dies. Die atemberaubende Beschleunigung – oft im Inneren einer tunnelartigen Röhre – bis zum Zusammenbruch von Raum und Zeit in einer sprachlich kaum beschreibbaren Licht-Erfahrung bildet seit je ein zentrales Element von Todesnähe-Erfahrungen. Im überirdischen Licht jenseits des Tunnels erkennen Betroffene ihre wahre Heimat ebenso wieder wie ihre eigene Natur, ihr eigenes unbegrenztes Wesen, dessen vorübergehender Bannung in einen einzelnen Menschen nicht mehr Bedeutung zukommt als einem schlimmen Traum – reine Selbstablenkung. Nachdem man sterbend den Bezug zu seinem Körper und damit zu seinem Leben mehr und mehr verliert, findet man sich schließlich in einer Dimension wieder, die sich schon insofern jeder sprachlichen Beschreibung widersetzt, als keines der herkömmlichen Naturgesetze hier Gültigkeit besitzt.

Umfang und Beschaffenheit der Informationen, mit der eben dem Tode Entrissene ihre Mitmenschen regelmäßig zu verblüffen wissen, bestätigen die Überlegenheit dieses Licht-Bewusstseins, das sich im Tode jedem offenbart und das keinerlei raumzeitlichen Begrenzungen unterliegt. So erklärt es sich auch, dass Wahrnehmungen von Ereignissen an weit entfernten Orten ebenso häufig vorkommen wie Voraussehen zukünftigen Geschehens, was umso erstaunlicher ist, als es in vielen Fällen möglich ist, dies im Nachhinein zu bestätigen. Von besonderem Interesse in Zusammenhang mit dem Prozess des Sterbens ist die Begegnung mit anderen Verstorbenen. Dabei handelt es sich einerseits um die Wiedervereinigung mit zuvor Verstorbenen, oft nahen Verwandten, und andererseits um die Konfrontation mit einem einzigartigen Lichtwesen, dem in besonderem Maß die Attribute der Singularität zugeschrieben werden. Oft wird dieses Wesen als Licht von extremer Intensität beschrieben.

In Gegenwart dieses unbeschreiblichen Lichts taucht der Sterbende in ein Bewusstsein vollkommener Grenzenlosigkeit ein. Die Aufhebung der eigenen Individualität im Ganzen bedeutet aber auch, dass man sich getrost den Rückweg sparen kann. Dass ist der Grund, warum die Zurückgekehrten dies in der Regel höchst unfreiwillig taten und warum die Geister Verstorbener so selten mit den Hinterbliebenen Kontakt aufnehmen: Weil aus der Perspektive des Verstorbenen – des Geistes und damit der Singularität – alle Kontakte im Sinne vollkommener Einheit stets bestehen.

Die Verdrängung des Todes führt zwangsweise zu einem Ansteigen der Todesangst, aus der heraus sie letztendlich geschieht. Todesangst steckt als Ursache hinter vielen psychischen Krankheiten und Missbefindlichkeiten. Sie gründet in der grenzenlosen Selbstüberschätzung der eigenen Bedeutung! Demgegenüber führt die konsequente Auseinandersetzung mit den Erscheinungsformen von Tod und Sterben – besonders die Erweiterung des Bewusstseins in der Nähe des Todes – zum steten Nachlassen bis zur völligen Auflösung jeder Todesangst, zur Relativierung der eigenen Bedeutung und damit zu einem leichteren, weil viel weniger „ernsthaften" Leben. Wer im Tod das schreckliche Finale seines Lebens zu erkennen meint, auf das er sich am Förderband der Zeit unablässig zubewegt, ohne zu wissen, wann dieser gnadenloseste aller Feinde aus dem Nichts zuschlagen wird, befindet sich in der wenig erfreulichen Lage, sein Leben im Schatten der eigenen Auslöschung verbringen zu müssen. Ein solches Leben ist schlimmstenfalls ein Kampf, bestenfalls ein Spiel, der Ausgang bleibt derselbe: Man verliert! Glück kann der Welt unter diesen Umständen immer nur vorübergehend und nie dauerhaft abgerungen werden.

Wer hingegen im Tod die Rückkehr zum eigenen unbegrenzten Wesen, zur eigenen, von keinerlei dem physischen Körper zuordenbaren Einschränkungen betroffenen Natur sieht, begreift auch, warum so viele nach „erfolgreicher" Reanimation alles andere als darüber glücklich erscheinen. Mit allem Nachdruck bestehen sie darauf, dass es ihnen an jenem Ort bzw. in jener Dimension, der sie nun gewaltsam wieder entrissen worden wären, unvergleichlich viel besser gefallen hätte als in dieser Welt, der sie fortan nicht mehr mit derselben Haltung entgegenzutreten vermögen, wie ihre nach wie vor in steter Todesverdrängung lebenden Zeitgenossen.

Eine wesentliche Offenbarung des Todes besteht in der Erkenntnis der Existenz einer jeweils individuellen Lebensaufgabe. Im transzendenten Lichtbewusstsein jenseits des Tunnels kommt es nämlich nicht nur zu einer Wiedervereinigung mit zuvor Verstorbenen und zur Wiedererlangung eines singulären Bewussteins, sondern auch dazu, dass der Sterbende beim Eintritt ins Licht den Grund seines nun zu Ende gehenden Aufenthaltes in Fleisch und Blut als Teil einer einzigartigen, ihm übertragenen Mission, einer Lebensaufgabe begreift. Das Wissen um die genaue Beschaffenheit dieser persönlichen Existenzbegründung kann jedoch im Falle einer Rückkehr in diese Welt nicht mitgenommen werden. Dennoch gehört die Sicherheit, die einen nun nicht mehr verlässt, dass das eigene Leben – unabhängig davon, wie man es selbst letztendlich bewertet!!! – einem übergeordnetem Zweck dient, zu den am stärksten bewusstseinsverändernden Aspekten der Todesnähe.

Wer verstanden hat, dass er – wie gut oder schlecht sein Leben auch ausfallen mag – eben dadurch der Verwirklichung eines übergeordneten Sinns dient, wird mit seinem Schicksal nicht mehr hadern, sondern es akzeptieren. Die Gewissheit, nach Erledigung seiner Mission unmittelbar in jene Lichtdimension zurückkehren zu dürfen, spendet einen solchen Trost, dass dagegen nicht einmal die Widrigkeit ungünstiger Lebensumstände ankommt.

Wer schon einmal gedankenschnell an jeden beliebigen Ort im bekannten wie unbekannten Universum reisen konnte, hält den Tod nicht mehr für eine Katastrophe. Wer schon einmal in die Lebensgesichte jedes einzelnen Geschöpfs, das je gelebt hat oder noch leben wird, schlüpfen konnte, als wäre es die eigene, wird den Tod nicht mehr als Auslöschung verstehen. Im Angesicht des lebendigen Lichts begreift er alle Fehler und Ungerechtigkeiten seines zurückliegenden Lebens als Irrtümer, die in einem, von diesem überirdischen Licht ausgehenden, liebevollen Angenommensein aufgehoben sind. Sein chronisch schlechtes Gewissen, das man ihm zeitlebens von allen Seiten zu machen suchte, schmilzt wie Schnee in der Sonne. Wer kein Strafgericht braucht, muss das Leben nicht mehr fürchten.

Wer Schreckensbilder wie das vom letzten Gericht eines strafenden Gottes, dem jede Gelegenheit recht ist, seine Geschöpfe in schuldhafter Selbstverstrickung zu halten, als Lügen entlarvt, deren einziger Zweck darin besteht, Menschen gefügig zu machen, um daraus Kapital zu schlagen, wird im Tod nicht mehr die Strafe sehen. Wer schließlich im Tod die Rückseite jener Pforte erkennt, die Geburt heißt und durch die er diese Welt einst betreten hat, wird in der Ankündigung seines Todes nicht mehr das Urteil hören. Wer zugleich mit der eigenen Bedeutung auch die seines Todes nicht mehr überschätzt, wird mehr Gelassenheit erfahren und nicht mehr so leicht zu beunruhigen sein. Am Ende seines Lebens wird er sich seinem Tod überlassen wie dem Einschlafen nach einem ereignisreichen Tag … und erwachen.

Liebe geschieht von selbst, wenn man nur genau genug hinschaut, ist eine weitere Botschaft des lebendigen Lichts, das einen an den Rändern seines Lebens empfängt. Wer sich auf seinen Nächsten tief genug einlässt, dem offenbart sich in der Liebe eine natürliche Konsequenz der Überwindung der Beliebigkeit aller Grenzen, die ohnehin nur Ausdruck der auf stete Bewertung abzielende Tätigkeit des Verstandes sind. Jede Bewertung ist ein Vorurteil, da sie als Grund einer Bevorzugung die Wirklichkeit auf einen oder mehrere ihrer vermeintlichen Teilaspekte zu reduzieren versucht. Dies trifft auch auf die eigene Person zu. Selbstverständnis und Selbstannahme bedeuten die Auseinandersetzung mit bzw. die Akzeptanz der eigenen inneren Widersprüchlichkeit. Wer zu einem Sachverhalt oder zu sich selbst in einer bestimmten Sache oder allgemein nur eine einzige Meinung hat, ist ein „verarmter Mensch" oder einer mit starken Verdrängungstendenzen. Selbstwertprobleme sind die logische Folge, zu der sich auch eine erhöhte Anfälligkeit für psychische Erkrankungen gesellt.

Im allumfassenden Bewusstsein der Singularität des einen Photons, wie sie sich als Lichtbewusstsein auf der anderen Seite des Todes manifestiert, fällt Verstehen und Liebe zusammen.

Die Beschäftigung mit seiner Sterblichkeit hilft einem, seine Bedeutung zu relativieren:

Angesichts der atemberaubenden Diskrepanz zwischen der Dauer des Aufenthalts eines einzelnen Individuums auf dieser Welt und der Dauer seiner Abwesenheit verlieren viele Bewusstseinsinhalte ihre scheinbare Dringlichkeit. Das Leben ist eine Welle auf dem Ozean des singulären Bewusstseins. Jeder Tag verkürzt die Entfernung zum eigenen Tod um ebendiesen Tag. Körperliche Gesundheit kann zwar jederzeit angestrebt, jedoch niemals dauerhaft erlangt werden. Jeder Besitz geht verloren. Das Glück von heute ist das Unglück von morgen. Diese Unabänderlichkeit entsteht aus der Verwechslung des Bewusstseins mit seinen Inhalten.

Nachdem man beim Sterben (nach Verlassen seines Körpers) jene lichte Sphäre erreicht, die den Höhepunkt einer Todesnähe-Erfahrung bildet, kommt es erst zu einem besonderen Lebensrückblick. Dabei erfährt der Sterbende die Stationen seines Lebens noch einmal, wobei er Gelegenheit erhält, die Auswirkungen seines Verhaltens auf andere unmittelbar im eigenen erweiterten Bewusstsein – also an sich selbst – wahrzunehmen. Diese Selbstbeurteilung ist der Ursprung des Märchens vom letzten Gericht. Wiederbelebte berichten oft eindringlich vom Entsetzen, das ihr Blick auf sich selbst durch die Augen anderer bei ihnen hervorgerufen hat. Viele berichten, dass es ausschließlich der Anwesenheit des lebendigen Lichts, der Singularität bzw. Gottes, zu verdanken ist, dass sie nicht in vollkommener Selbstverurteilung untergingen, sondern das eigene Tun samt allen Konsequenzen als in „göttlichem Verstehen" aufgehoben erfahren durften. Somit bildet nicht Be- oder Verurteilung und damit Abspaltung das Prinzip dieses (Selbst-)Gerichts, sondern Verstehen und Ganzheit. Schreitet der Prozess des Sterbens voran, findet schließlich ein vollkommenes Aufgehen im göttlichen Licht als Erlangung singulären Bewusstseins statt. Der Sterbende überwindet auch die letzten Reste seines ehemals individuellen Bewusstseins und enthebt sich damit allen Bewertungskriterien. Er begreift, dass alles – wirklich ALLES!!! – gerade so, wie es ist, sich in bester Ordnung befindet und jeder mit der Gesamtheit seiner Angelegenheiten Teil des „Innenlebens Gottes" ist. Wie ein Erwachter keine Zeit damit verschwendet, Erleben und Verhalten seiner Traumgeschöpfe einer eingehenden Prüfung zu unterziehen, macht es für ein nach Durchlaufen des Sterbevorgangs in der Singularität aufgegangenes Bewusstsein keinen Sinn, die bedeutungslosen Fragmente seiner irdischen Existenz weiter zu reflektieren.

Im Sterben setzt das Gehirn die Seele als schwaches elektromagnetisches Feld mit – je nach Stärke des abgegebenen Energieimpulses – unterschiedlicher „Lebensdauer" frei. Sie bildet den letzten Rest und gleichzeitig die Konzentration des verlöschenden Ichs. Ihre Aufgabe findet die Seele in der Todesnähe-Erfahrung, in deren archetypischem Verlauf es ihr gelingen sollte, „alles loszulassen", um das eigene Verlöschen als Eingehen ins Absolute der Singularität ertragen zu können. Das Durchbrechen der Angstbarriere nach Eintritt des natürlichen Todes stellt die eigentliche Herausforderung echter Sterbebegleitung dar. Vermag es die Seele nicht, sich diesem Prozess der Selbstauflösung im Unbegrenzten zu überlassen, kann es geschehen, dass sie in den eigenen (Schreckens-)Fantasien jenseits der Zeit verloren geht – bis auch ihr letzter Willensimpuls verklungen ist. Die vorerst unvermutet hohe Zahl negativer Todesnähe-Erfahrungen legt davon Zeugnis ab. Zudem finden sich in den Berichten vieler Todesnähe-Erfahrungen regelmäßig Beschreibungen orientierungslos umherirrender Seelen. Diese sind sich in unterschiedlicher Intensität ihres grauenhaft illusionären Schicksals als Gefangene zwischen den Welten bewusst und erschöpfen sich dementsprechend mehr oder weniger in aussichtslosen Versuchen, Lebende wie Sterbende auf sich aufmerksam zu machen.

Jesus wurde zur Metapher eines Erwachenden, sich der Singularität bewusst werdenden Menschen. Er verstand, dass jeder Besitz los- bzw. jede Absicht fallen zu lassen ist, bis am Ende, wenn mit Fühlen und Denken auch alles Wissen sowie die Individualität ihren illusionären Charakter preisgibt, das Ego einen so kurzen wie schmerzhaften Tod stirbt. Allerdings einen ganz und gar eingebildeten Tod, der als „Golgotha" eine Angstbarriere repräsentiert, welche den Erwachenden glauben machen will, alles loszulassen, hieße, alles verlieren. Jedoch das Nichts ist lediglich die Prüfung am Tor zum Alles, zur Singularität, worin Alles und Nichts gleichermaßen enthalten ist. Das Fallenlassen des eigenen Willens bildet den Schlüssel: „Nicht mein Wille geschehe …!"

Das Ich-Bewusstsein ist der größte Schwindel, gleicht es doch dem Schatten eines Hundes, der auf die paradoxe Idee gekommen scheint, mit dem Hund spielen zu wollen, der ihn wirft. Deshalb schaue man niemals – NIEMALS!!! – zurück und so wenig (weit) wie möglich voraus!

So wie mit dem Licht, das nur sichtbar wird, woran es sich bricht, verhält es sich auch mit dem Bewusstsein, das sich lediglich anhand seiner Inhalte selbst erfährt. Wer das begriffen hat, „lässt los", ist vollkommen frei und – trotz Freude und Leid – für immer glücklich. Er weiß, loslassen bedeutet, sich bedingungslos zu überlassen!

Etwas loszulassen heißt, sich ihm OHNE WENN UND ABER hinzugeben. Das Loslassen der Vorstellung von einem Ich als autonomer Erlebens- u. Verhaltensinstanz bewirkt Erwachen, denn:

Morgen war einmal Heute.

ANHANG

Licht / Bewusstsein Tarot

In der Abfolge der großen Arkanen des Tarotspiels finden sich Hinweise auf die Überlieferung alten Wissens, über die Zusammenhänge von Licht und Bewusstsein bzw. Geist und Materie. Dabei handelt es sich um einen allgemeinen, in Symbolen, Zahlen und Buchstaben gebannten Code, der auch von Menschen mit so genannter Todesnähe-Erfahrung als reales Erleben ebenso berichtet wird, wie er in den spirituellen Traditionen sämtlicher Kulte und Religionen nachweisbar ist. Dass ein Bedeutungsverlust religiöser Inhalte im 21. Jahrhundert von Aufgreifen (und Bestätigung!) dieser Zusammenhänge zwischen Licht und Materie durch die moderne Naturwissenschaft begleitet wird, sichert die allgemeine Verfügbarkeit eines zeitlosen Wegweisers zur Quelle des Seins, wie es über weite Abschnitte einer wechselhaften Vergangenheit einzig einem Kartenspiel möglich war.

Ausgehend von der Ideenlehre bzw. / Abfolge des kabbalistischen Sefirotbaums, der Materie als Kondensat geistiger Prinzipien beschreibt, fokussiert die gewählte Zusammenschau auf die Schnittpunkte zwischen Intuition und Wissen.

Die Zusammenfassung der Karten zu sieben Paaren, zwei Trippeln und einer doppelt vorhandenen Einzelkarte orientiert sich an der Eigendynamik der zu Grunde liegenden Ideen und spiegelt ihre arithmetische Kodierung wider.

Der Magier (der Narr): Unendlichkeit – Licht – Bewusstsein
Wille spaltet die Einheit. Geist und Materie entstehen als zwei scheinbare Gegenpole einer Wirklichkeit, die nach Bewusstsein strebt.

Die hohe Priesterin / die Herrscherin bzw. der Herrscher / der Papst: Unterschiede

Die erste scheinbare Teilung des Unteilbaren manifestiert sich als weiblich und männlich und ist in sich wiederum in Geist und Materie gespalten.

Die Liebenden / der Wagen: Werte

Das Streben nach (der verlorenen) Einheit reflektiert den ursprünglichen Willen und treibt die weitere Aufspaltung der Gegensätze ins Geistige wie ins Materielle voran. Unterscheidungsfähigkeit erzeugt Selbstbewusstsein als Grundlage jeder Bewertung. Es erscheinen alle Gegensatzpaare wie (nur scheinbar unterscheidbare) Wellen auf der unbegrenzten Oberfläche des Bewusstseins.

Gerechtigkeit / Eremit / Rat des Schicksals: die Suche

Die Suche beginnt mit der irrtümlichen Unterscheidung des Suchenden von etwas zu Suchenden. Jede Absicht setzt das Rad des Schicksals überhaupt erst in Gang und schafft die (illusionäre) Möglichkeit der Suche. Die Qualität des Willens bestimmt Weg und Ziel: Man findet, wonach man sucht!

Kraft / der Gehängte / der Tod: Ich-Tod

Das Überwinden der Angst(-Barriere) vor dem Loslassen allen materiellen und geistigen Besitzes beinhaltet die größtmögliche Zumutung: die Konfrontation mit der eigenen Sterblichkeit.

Enthaltsamkeit / der Teufel: die Versuchung

Die Versuchung des Teufels besteht in einem einzigen, dem ersten Wunsch, der sich zur Absicht verstärkt und damit erst jenen Spalt in die (bislang ungeteilte) Welt treibt, in dem er zwischen Subjekt, dem Wünschenden, und Objekt, dem Gegenstand des Wunsches, unterscheidet. Der Herr der Wünsche ist der Herr der Welt. Wer diese Erkenntnis nutzt, um in die Welt einzugreifen, sie zu manipulieren, setzt das Rad des Schicksals erst in Gang und muss von vorn beginnen – als treuer Untertane seines Egos, das er mit seinem Wunsch, mit seiner Absicht, gestärkt hat. In diesem Sinne sind Ego als Ausdruck eines individuellen Bewusstseins und der Teufel ein und dieselbe Illusion. Enthaltsamkeit als Zurückhaltung dem eigenen Ich gegenüber bildet den einzigen Durchlass, durch den aber nur einer kommt, der genau das nicht mehr ist: einer – im Sinne eines an der Vorstellung eines individuellen Ichs festhaltenden Bewusstseins. Denn eher kommt – wie man weiß – ein Kamel durch ein Nadelöhr als ein Besitzender (= Ego) ins Paradies (= ungeteiltes Bewusstsein). Die Überwindung aller Absichten enthüllt somit das Wesen der Wechselwirkung zwischen Geist und Materie und stellt die letzte Versuchung dar: die Möglichkeit, sein Wissen zum Vorteil des eigenen, noch nicht vollends abgelegten Ich zu nutzen. Wer dieser Versuchung unterliegt, verliert sich in der Illusion der eigenen Projektionen, die jeweils die Gestalt der Hölle bzw. des Himmels annehmen können und nicht als wirklich zu betrachten sind. Wer diese Möglichkeit der Manipulation ausschlägt, hält das Rad seines Schicksals an.

Der Turm / die Sterne: das Ende der Welt
Das Ende des Ich ist das Ende der Welt. Das ungeteilte Wesen des Lichts erscheint als „Mitternachtssonne" der zum Stillstand kommenden Zeit, Beschleunigung führt zu Stillstand.

Der Mond / die Sonne: Aussöhnung
Alle Gegensätze finden zusammen und spiegeln sich selbst.

Gericht / die Welt: Freispruch und Heilung

Die Aufhebung aller Urteile durch Wiedervereinigung der Gegensätze reflektiert die Geborgenheit des Unendlichen im Ewigen, wie aller Wellen im Meer. Das Wesen des letzten Gerichts ist im Aufheben aller (Selbst-)Verurteilung zu sehen. Dies ist das Wesen der Heilung, wer sie erfährt, gewinnt die Welt durch Loslassen jeder Bewertung.

Der Narr (der Magier): Ewigkeit

Alles ist eins – ist das Wesen der Liebe. Bewusstsein hat dieselbe Identifikation mit dem Psychophysikum, dem Körper als imaginären Teilaspekt seiner selbst überwunden, in dem es seine Quelle gefunden und sich mit ihr wiedervereinigt hat. Ein Kreislauf ist abgeschlossen, Bewusstsein und Licht sind ein und dasselbe.